기 적 의 숫 자 퍼 즐

네모네모
로직

2　PLUS

C O N T E N T S

제우미디어

풀이법

설명의 순서대로 한 번만 따라 칠해보면 로직해법을 마스터할 수 있습니다!

기본 규칙

- 숫자는 '연속해서 칠할 수 있는 칸의 수'를 의미한다.
- 한 줄에 여러 개의 숫자가 있을 때는, 숫자와 숫자 사이에 반드시 한 칸 이상을 띄고 칠해야 한다.
- 칠할 수 없는 칸은 ✕로 표시한다.
- 완성된 숫자는 ◯로 표시한다.

1

문제의 크기는 5x5이다.

❶은 세로 다섯 칸 중 세 칸을 연속해서 칠해야 한다는 뜻이다.

❷는 두 칸을 칠한 후, **한 칸 이상을 띄고** 다시 두 칸을 칠해야 한다는 뜻이다.

2

5는 다섯 칸을 연속해서 칠해야 한다. 다섯 칸을 모두 칠하고, 완성 된 5에 ◯로 표시한다.

3

위쪽의 3은, 세 칸이 연속해서 칠해져야 하니 맨 밑줄은 칠할 수 없게 된다. X로 표시한다.

4

위쪽의 4는, 네 칸이 연속해서 칠해져야 한다. **경우의 수를 따져보면** 네 번째 줄을 칠할 수 있다.

잠깐!

이 경우, 세 칸을 연속해서 칠할 수 있는 경우는 A, B 두 경우이다. 그러므로 칠할 수 없는 마지막 칸은 X로 표시한다.

잠깐!

이 경우, 네 칸을 연속해서 칠할 수 있는 경우는 A, B 두 경우이다. 여기서 네 번째 칸은 무조건 칠해진다.

5

		3	4	4	4	3
2	2					
	⑤					
	⑤					
	③	X				X
	1	X				X

왼쪽의 3이 **완성**되었으니 숫자에 ○로 표시하고, 네 번째 줄의 양 옆을 X로 표시한다.

6

		③	4	4	4	③
2	2					
	⑤					
	⑤					
	③	X				X
	1	X				X

위쪽의 3을 다시 보면 네 번째, 다섯 번째 칸이 X로 표시되어 있다. 그럼 첫 번째 칸을 칠해야 3이 완성된다. 완성된 3은 ○로 표시한다.

7

		③	4	4	4	③
②	②			X		
	⑤					
	⑤					
	③	X				X
	1	X				X

왼쪽의 2는 두 칸이 **연속해서 칠해져야 하니**, 두 번째 칸과 네 번째 칸을 칠할 수 있다. 세 번째 칸은 X로 표시하고, 완선 된 2는 ○로 표시한다.

8

		③	④	4	④	③
②	②			X		
	⑤					
	⑤					
	③	X				X
	1	X	X		X	X

이렇게 되면 위쪽의 두 번째, 네 번째가 완성된다. 완성된 4를 ○로 표시하고 맨 밑줄은 X로 표시한다.

9

		③	④	4	④	③
②	②			X		
	⑤					
	⑤					
	③	X				X
	1	X	X		X	X

이제 남은 것은 위쪽의 4와 왼쪽의 1이다. **맨 밑줄의 남은 한 칸을 칠하면**, 위쪽의 4이자 왼쪽의 1이 완성된다.

잠깐!

네모 로직의 문제 크기가 큰 경우, **큰 숫자부터 공략하는 것**이 쉽다. 예를 들어 문제가 10x100이고 한 줄인 열 칸 중에서 아홉 칸을 연속해서 칠해야할 때, 전체 칸 수(10) - 해당 칸 수(9) = **빈 칸 수(1)** 이 공식을 이용하면 경우의 수를 쉽게 풀 수 있다. 여기서는 1이 나왔으니 **위아래 한 칸씩**을 비우고 가운데 여덟 칸을 칠한다.

중요한 로직 풀이 TIP!

문제의 크기가 큰 로직 중에는 위의 설명만으로 해결되지 않는 것이 있다. 그럴 때 이것만 기억해 두면 손쉽게 풀 수 있다.

위에서부터 칠했을 때와 아래에서부터 칠했을 때 겹쳐지는 칸이 어디인지를 찾는다. 이때 숫자의 순서는 반드시 지켜야 하며 점을 찍어가며 생각하면 편하다.

❶ 한 칸에 점을 찍고, 한 칸 띄고 6칸에 점을 찍는다.
❷ 뒤에서부터 6칸에 점을 찍고, 한 칸 띄고 한 칸에 점을 찍는다.
❸ 겹치는 부분을 찾아 칠한다.

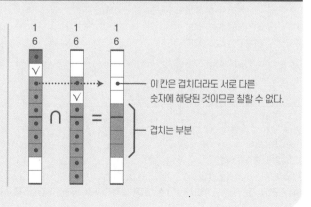

이 칸은 겹치더라도 서로 다른 숫자에 해당된 것이므로 칠할 수 없다.

겹치는 부분

네모네모 로직 플러스2

초판 1쇄 펴냄 2020년 6월 19일
초판 5쇄 펴냄 2023년 7월 20일

편　　　저 ㅣ 제우미디어
발 행 인 ㅣ 서인석
발 행 처 ㅣ 제우미디어
등 록 일 ㅣ 1992. 8. 17
등록번호 ㅣ 제 3-429호
주　　　소 ㅣ 서울시 마포구 독막로 76-1 한주빌딩 5층
전　　　화 ㅣ 02) 3142-6845
팩　　　스 ㅣ 02) 3142-0075

I S B N ㅣ 978-89-5952-933-9
　　　　　 978-89-5952-895-0 (세트)

만든 사람들

출판사업부 총괄 손대현

편집장 전태준 ㅣ **책임편집** 양서경 ㅣ **기획** 홍지영, 박건우, 안재욱, 서민성, 이주오

영업 김금남, 권혁진 ㅣ **문제 디자인** 나영 ㅣ **표지·내지 디자인** 디자인그룹올 ㅣ **표지·내지 조판** 디자인수

※ 값은 뒤표지에 있습니다.
※ 파본은 구입하신 서점에서 교환해 드립니다.

A1

잠긴 것을 열어요

난이도

15×15

Column clues (top):

C1	C2	C3	C4	C5	C6	C7	C8	C9	C10	C11	C12	C13	C14	C15
							2				2	2		
				4	6	2	6	3		5	2	2		4
3	4	4	6	7	6	10	2	3	8	3	2	2	10	3

Row clues (left):

	4	4
		11
2	3	2
2	2	2
	4	6
	5	3
	4	2
	6	2
	4	6
	5	4
		5
		7
		8
	5	1
	2	2

A2

다람쥐가 좋아해요

난이도

15×15

Column clues (top):

C1	C2	C3	C4	C5	C6	C7	C8	C9	C10	C11	C12	C13	C14	C15
					1					3				
				2	3		3	6		1		3		
	3	2	3	3	7	2	9	4	2	9	2		2	2
9	3	2	1	1	1	1	1	2	1	2	3	11	3	4

Row clues (left):

		4	3
3	3		4
		1	9
			11
2	4	2	1
	1	2	7
	2	6	3
1	3	3	1
		1	8
	1	2	3
		1	4
		1	1
		2	2
		3	3
			9

A3

밥과 국을 담아요

난이도

15×15

Column clues:

c1	c2	c3	c4	c5	c6	c7	c8	c9	c10	c11	c12	c13	c14	c15
	2	1		1	1	1	1	1	1		1		1	
	1	2	2	1	1	1	1	1	1	1	2	1	4	
6	3	2	1	1	1	1	1	1	1	1	2	2	3	6
3	3	3	5	2	2	2	2	2	2	2	4	3	3	3

Row clues:

		9
	3	3
	2	2
	1	2
	3	4
1	10	1
	1	1
	2	2
	1	1
	2	2
	2	1
		9
	4	4
		15
		15

A4

싹둑싹둑!

난이도

15×15

Column clues:

c1	c2	c3	c4	c5	c6	c7	c8	c9	c10	c11	c12	c13	c14	c15
											3	2	2	
											1	2	3	
1	3	4	4	4				1		6	1	2	3	4
2	2	3	3	3	7	6	4	1	10	6	3	2	2	5

Row clues:

	2	3
	2	5
3	3	1
3	2	2
4	2	3
	4	5
		7
	3	1
		6
	4	5
4	2	3
3	2	2
3	2	1
	3	5
	1	4

A5

달콤한 게
막대기에 꽂혀있어요

난이도

15×15

A5 — 세로 힌트 (열 단서, 위→아래)

C1	C2	C3	C4	C5	C6	C7	C8	C9	C10	C11	C12	C13	C14	C15
										1				
									1	1	1			
								2	2	2	2	1	2	
2	3	4		4	3	1	5	2	1	1	1	4	2	2
2	3	3	6	4	5	7	6	4	1	3	3	2	3	6

A5 — 가로 힌트 (행 단서)

				6
			3	2
		1	3	2
	2	2	2	1
	1	1	2	1
1	1	1	2	1
1	2	1	3	1
	3	1	2	2
			7	6
			8	4
				9
			3	3
			3	4
			3	3
			2	2

A6

방향을 알려줘요

난이도

15×15

A6 — 세로 힌트 (열 단서, 위→아래)

C1	C2	C3	C4	C5	C6	C7	C8	C9	C10	C11	C12	C13	C14	C15
					4	1	1							
	2	2	2	2	2	4	2	1	1	1	1	1		
4	3	2	2	3	4	4	4	4	5	3	3	3	11	9

A6 — 가로 힌트 (행 단서)

		9
	1	2
	2	2
	3	2
	2	2
	2	2
2	1	2
2	3	2
	2	7
	2	8
2	4	2
	1	4
	2	4
		7
		5

A7

달콤하고 탱글탱글해요

난이도

20×20

Row clues (top → bottom):

1. 20
2. 5 5
3. 3 8 3
4. 7 4
5. 9 2
6. 11 2
7. 2 7 2
8. 4 4
9. 1 11 1
10. 1 12 1
11. 1 5 6 1
12. 8 1 6
13. 4 5 7
14. 5 4 4 2
15. 1 4 2 1
16. 1 2 1
17. 2 2
18. 4 4
19. 7 7
20. 20

Column clues (left → right, top → bottom):

1. 3 3 7
2. 3 3 4
3. 2 5 9 3
4. 2 3 1 3 3
5. 5 2
6. 1 3 2 2
7. 1 5 5 2
8. 1 5 7 1
9. 1 5 8 1
10. 5 2 8 1
11. 1 1 3 1
12. 5 3 3 1
13. 1 3 6 1
14. 1 2 7 1
15. 1 1 8 2
16. 1 7 2
17. 1 2 2 2
18. 2 5 8 3
19. 2 3 2 4
20. 3 3 7

A8

우유를 다 먹었어요

난이도

20×20

Row clues (top → bottom):

1. 4
2. 1 5
3. 1 3
4. 5 1
5. 9 1
6. 13
7. 16
8. 13 2
9. 1 10 2
10. 1 6 5
11. 1 7 1
12. 2 1 1
13. 3 2 1 1
14. 11 1
15. 11 2
16. 1 4 2 2
17. 1 1 3
18. 3 1 5
19. 7 1 8
20. 20

Column clues (left → right, top → bottom):

1. 13
2. 2 4 3
3. 4 4 3
4. 5 3 2
5. 6 3 2
6. 10 3 2
7. 1 7 2 2
8. 1 7 3 1
9. 2 8 3 1
10. 1 7 3 1
11. 16
12. 1 5 1 1
13. 2 3 1 2
14. 1 2 1 2
15. 5 2 2
16. 1 1 3
17. 2 1 3
18. 3 4
19. 12
20. 6

A9

누가 지나간 자국일까요?

난이도

20×20

Column clues (top):

								3											
3	3	3	3	3			3	5	3			4	2	7	3	3	3	4	2	3
5	9	11	13	13	13	13	4	3	2	4	4	6	4	14	13	13	12	10	6

Row clues (left):

- 2 2
- 4 4
- 4 4
- 2 3 2 4
- 4 3 3 3
- 5 3 6 1
- 3 8
- 1 5 9
- 8 9
- 9 8
- 9 7
- 8 6
- 7 6
- 7 6
- 6 6
- 7 6
- 7 5
- 6 4
- 6
- 4

A10

하얀 천을 뒤집어썼어요

난이도

20×20

Column clues (top):

							1												
				2	1	3	1												
				2	3	3	1	2	1			1	2						
				1	2	1	1	4	2	1	2	3	2	3			9		
	16	13	6	3	2	2	1	1	1	4	2	2	1	3	3	4	5	9	10
20	2	1	1	2	3	3	2	1	1	1	2	3	2	2	1	1	1	7	6

Row clues (left):

- 20
- 7 7
- 5 5
- 4 4
- 4 3 3 3
- 4 4 4 3
- 3 4 4 3
- 3 3
- 3 6 3
- 3 2 4 1
- 3 4
- 3 2
- 3 1
- 2 2 1 2
- 2 6 3
- 2 3
- 1 3
- 1 2 1 3
- 2 4 4 2
- 20

A11

봄에 눈을 뿌려줘요

난이도

20×20

Column clues (top to bottom):

Col	1	2	3	4	5	6	7	8	9	10	11	12	13	14	15	16	17	18	19	20
								2												
								1					1	1	1					
	1			3		1	1	2				1	1	2	1	2				
	6		3	1	1	1	1	1	3	8	2	1	3	1	1	1	2		9	5
	6	11	3	2	1	1	4	3	7	2	8	4	2	2	5	1	2	7	1	9
	3	6	4	1	4	4	5	2	1	1	1	1	2	3	1	4	6	6	6	4

Row clues:

Row	Clue
1	9 7 2
2	3 4 5
3	4 2 3
4	2 1 3
5	2 1 3
6	2 1 1 1 2
7	2 1 3 4
8	3 1 3 8
9	13 2
10	3 3 3 1 1
11	2 1 4 1 1
12	1 1 6 2
13	1 1 1 2 1
14	1 2 1 2 2
15	2 1 6
16	1 2 1 3
17	7 6
18	7 7
19	3 4 2 5
20	17 1

A12

키가 커졌어요!

난이도

20×20

Column clues (top to bottom):

Col	1	2	3	4	5	6	7	8	9	10	11	12	13	14	15	16	17	18	19	20
											3	3	2	2	1					
							3	2	2	2	4	2	3	2	2	2	1			
	2	4	5	6	7	8	5	5	5	8	5	6	7	5	4	7	6	16	16	7

Row clues:

Row	Clue
1	4
2	3 3
3	2 3
4	2 4
5	1 6
6	2 7
7	1 2 5
8	2 1 5
9	1 2 5
10	1 2 2 2
11	2 1 3 2
12	2 1 3 2
13	2 2 2 2
14	3 1 3 2
15	3 5 2
16	11 2
17	12
18	13
19	12
20	9

A13

보라색 채소

난이도

20×20

Column clues (left to right, top to bottom)

Column	Clue
1	5
2	7
3	2 3
4	1 5
5	2 6
6	1 6
7	1 7
8	1 7
9	2 7
10	2 7
11	3 2 8
12	2 13
13	2 2 10
14	1 14
15	1 12
16	3 10
17	1 10
18	4 10
19	2 5
20	4

Row clues (top to bottom, left to right)

Row	Clue
1	3
2	1 1
3	4 1
4	2 2
5	2 2
6	1 1 1
7	1 2 1 1
8	4 2 1
9	1 6
10	2 6
11	11
12	6 8
13	4 9
14	3 12
15	2 14
16	2 15
17	2 14
18	16
19	14
20	11

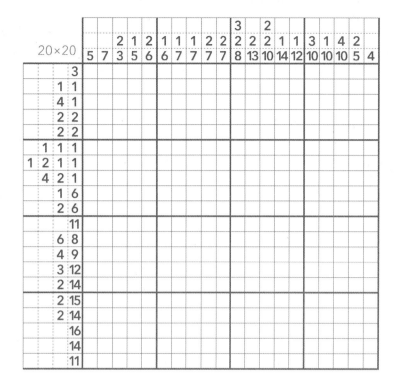

A14

물을 주면 자라나요

난이도

20×20

Column clues (left to right, top to bottom)

Column	Clue
1	2 2
2	4 2
3	5 3 1 2
4	2 2 1 1 2 2
5	1 1 2 1 1 1 2
6	1 2 2 1 1 1 2
7	2 2 1 1 1 1 2
8	1 2 1 3 2 2
9	3 3 4 2
10	6 2 2
11	7 2
12	11
13	9
14	9 2
15	2 2 1 2
16	2 2 1 2
17	1 2 2 2
18	3 1 2
19	2 3 2
20	5 2

Row clues (top to bottom, left to right)

Row	Clue
1	5
2	2 3
3	1 2 1 5
4	1 2 2 2 3
5	2 2 1 2 2 1
6	2 3 1 2 1
7	2 2 3 2
8	6 2 1
9	2 1 3
10	2 4
11	6 2 1
12	2 2 4
13	14
14	2 5
15	3 2 2
16	5 2
17	2
18	2
19	20
20	20

A15

과일이 발그레해요

난이도

20×20

Column clues (top → bottom):

			C1	C2	C3	C4	C5	C6	C7	C8	C9	C10	C11	C12	C13	C14	C15	C16	C17	C18	C19	C20
											1	1							4	4	3	2
				2	2	2	1	1	3	3	3	2	4	5	5	5	6		4	1	2	4
			13	7	5	4	3	2	2	1	1	1	1	1	2	2	3	3	4	5	8	12

Row clues (left):

		7
		8
		8
		7
	6	5
2	4	4
2	3	2
2	1	1
1	2	2
1	1	2
1	1	1
	1	1
	1	2
	2	2
	2	2
	3	3
	4	4
	5	6
	7	8
		20

A16

옛날에 어른이 된 남자가 쓰던 모자예요

난이도

20×20

Column clues (top → bottom):

			C1	C2	C3	C4	C5	C6	C7	C8	C9	C10	C11	C12	C13	C14	C15	C16	C17	C18	C19	C20
				4	4	4	4	4											4	4	4	4
				2	1	2	1	1	2	1	1			1	1	2		1	2	1	2	4
			4	2	1	4	3	2	10	8	7	7	7	7	8	10	1	1	2	1	2	4
			4	2	4	4	3	2	2	1	1	1	1	1	1	4	6	3	2	2	3	2

Row clues (left):

		20
	8	8
	7	7
	8	8
		8
		14
3	8	3
2	8	2
1	8	1
1	8	1
2	6	2
	3	3
	4	4
		12
	3	2
	2	3
	3	2
	3	5
	3	4
	3	2

A17

가운데 구멍이 난 간식

난이도

20×20

Column clues:

					3	2	2	2	2	2	2	2							
				3	2	2	1	1	2	1	1	2	3						
	6	5	4	3	3	1	3	4	4	4	4	3	3	3	3	4	6		
	2	2	2	3	1	2	3	1	1	2	2	3	2	2	2	2	3		
20	6	5	4	3	3	3	2	2	2	2	2	2	3	3	4	4	5	6	20

Row clues:

| 20 |
| 20 |
| 7 6 |
| 4 3 |
| 3 2 3 2 |
| 2 2 2 2 2 |
| 1 2 2 1 |
| 1 1 4 1 1 |
| 1 1 8 1 |
| 2 8 2 |
| 2 6 2 |
| 1 1 3 |
| 1 2 2 1 |
| 1 1 3 3 2 1 |
| 2 2 2 2 3 2 |
| 3 4 3 |
| 4 5 |
| 7 7 |
| 20 |
| 20 |

A18

화장실 갈 때 챙겨요

난이도

20×20

Column clues:

		3	2		1	1		1	1		1			1	1				
	8	2	1	1	1	1	1	1	1	7	4	2	4	6	2				
	2	3	4	2	1	1	1	1	1	1	1	4	1	1	4	2			
2	3	1	1	1	1	1	1	1	1	1	1	2	3	3	4	2	9		

Row clues:

| 14 |
| 2 2 2 |
| 1 1 2 |
| 3 2 2 2 1 |
| 1 1 1 1 |
| 1 1 3 1 |
| 1 1 3 1 |
| 1 1 3 1 |
| 1 1 3 1 |
| 1 2 1 1 |
| 2 1 2 |
| 2 2 2 |
| 14 |
| 2 1 |
| 2 2 |
| 1 1 |
| 2 2 |
| 2 1 |
| 2 3 |
| 14 |

A19

예쁘게 머리에 꽂아요

난이도

20×20

Column clues (left → right), top → bottom:

Col	Clues
1	3 5 1
2	3 9 2
3	2 10 1
4	1 12
5	3 12
6	18
7	4 4 6
8	10 2 1
9	5 4 2
10	4 4 2
11	4 3 2
12	4 3 1
13	9 2
14	1 1
15	7 1 1
16	6 1 1
17	6 5 3 2
18	5 5 3 1
19	5 2
20	9 3 4

Row clues (top → bottom):

Row	Clues
1	6
2	13
3	16
4	2 15
5	1 4 8
6	2 1 1 8
7	1 1 1 4 3
8	8 3 2
9	8 3 2
10	11 3 2
11	7 3 1 2 1
12	6 2 2 2
13	6 1 1
14	6 1
15	6 2
16	8 2 1
17	8 4
18	4 2 1
19	6 3 1
20	2 2 5

A20

무게를 재요

난이도

20×20

Column clues (left → right), top → bottom:

Col	Clues
1	1 7
2	5 2
3	3 3 2
4	2 2 2
5	1 1 1 2 4
6	2 1 3 3 2
7	1 1 1 1 1 2
8	1 1 2 1 2 2
9	1 1 1 3 1 2
10	1 1 1 1 1 2
11	1 1 1 1 4 1
12	1 1 1 1 1 2
13	1 1 3 2 2
14	1 1 1 1 2
15	1 1 1 2 2
16	2 1 1 2 4
17	2 1 2
18	1 1 3
19	2 3 5
20	1 7

Row clues (top → bottom):

Row	Clues
1	4 5
2	1 13 1
3	2 2
4	16
5	1 1
6	11
7	3 2
8	2 6 2
9	1 3 3 1
10	2 1 1 1 2
11	1 2 1 2 1
12	1 1 2 1 1
13	1 1 2 1 1
14	2 2 2 2
15	1 1 2 1
16	1 3 2 1
17	1 6 1
18	1 1
19	20
20	20

난이도

25×25 네모로직 (Nonogram)

열(세로) 힌트:

```
                          4
                          3
                    4  2  4  4  4
           4  3     3  1  1  1  3  4  3
           2  1     2  1  3  2  2  3  1  4
     3  9  1  1     1  1  2  1  1  1  2  2  8        3  2  3        12  9  8
     5 12  9  8  7  9  1  2  2  2  2  1  1  9 20  14 12 14 18  1   4  5 14 12
 12  2  1  1  1  1  1  1  3  1  1  1  1 11  2  1   1  1  1  2  5   1  1  1  1 12
```

행(가로) 힌트:

					10
					13
					14
		3	6		8
			2		9
	3	8	2		6
1	1	2	2	2	5
1	2	2	2	4	6
	1	2	4		7
	3	2	2		10
		1	5		11
	1	1	1	2	11
	3	8	8		3
		4	8		3
			20		4
	6	4	7		4
		6	7		5
			8		13
		6	12		5
		6	9		1
		6	8		1
1	3	1	1	1	2
	1	1	1	1	4
	2	1	2		2
			6		6

25×25

Column clues (top):

													7											
													1	6										
													1	2										
					3						9	1	1											
			3	4	8	7	12	13	9	2	1													
	2	2	3	5	6	5	5	2	4	1	1	1	6	6	7	4	4	4	4	4	4	3	
2	4	4	5	5	1	2	3	1	1	1	1	3	14	1	2	6	4	5	5	5	5	5

Row clues (left):

- 7
- 10 4
- 11 8
- 6 10
- 19
- 15 3
- 20
- 8 14
- 6 7 8
- 5 6 1 7
- 2 5 1 1 5
- 6 1 2 3
- 4 2 4 1
- 3 4
- 2 1 1
- 1 4
- 1 1
- 4
- 1 1
- 3 1
- 5
- 2 1
- 7
- 2 2
- 8

A23 캠핑을 할 때 꼭 필요해요

25×25

세로 힌트 (열, 왼쪽→오른쪽)

열	힌트
1	11, 4
2	7, 2, 3, 1
3	11, 3, 2
4	13, 1
5	12, 4
6	4, 5, 7
7	5, 2, 11
8	7, 13
9	5, 3, 6
10	4, 2, 5, 1
11	7, 5, 2
12	7, 4, 1
13	1, 4, 6
14	6, 2
15	6, 3
16	6, 4
17	5, 4
18	5, 5
19	1, 1, 6
20	4, 6
21	3, 1, 7
22	2, 4, 8
23	10, 8
24	12, 9
25	5, 7, 10

가로 힌트 (행, 위→아래)

행	힌트
1	1, 22
2	12, 5, 6
3	18, 2, 3
4	20, 4
5	5, 3, 8, 5
6	6, 1, 7, 4
7	12, 3
8	7, 1, 3
9	1, 4, 2, 3
10	6, 1, 1, 3
11	5, 1, 1, 2
12	2, 2, 1, 2
13	2, 2, 2, 1
14	1, 2, 1, 1
15	2, 3, 1
16	2, 3, 1, 1
17	2, 3, 2, 2
18	1, 5, 1, 4
19	3, 5, 1, 5
20	7, 2, 7
21	5, 1, 8
22	3, 1, 10
23	3, 1, 11
24	15
25	13

A24 돌로 만든 할아버지

난이도

25×25

세로 힌트 (열)

								2											2					
															1	1			1					
								2							1	1			1					
			4			1	1	1						1	1	1			1					
			3	2	1	1	1	1	1					1	1	1			1					
			1	1	1	1	1	1	1			2	1	4	1	4								
		10	1	3	1	1	3	1	1		3	1	3	1	1	5	4							
	5		3	1	4	3	2	2	3	2	3	1	1	2	2	2	2	5	4	6				
	3	15	1	2	1	2	2	1	1	2	5	3	1	1	1	1	1	5	8	2				
4	3	1	2	2	4	1	1	4	3	1	6	9	3	6	4	1	1	1	1	2	2			
13	2	1	1	1	1	1	1	1	3	3	2	3	11	9	9	1	1	1	1	1	1	1	1	21

가로 힌트 (행)

행	힌트
1	8 7
2	4 2 2 5
3	3 1 1 4
4	12 11
5	3 1 1 2
6	12 11
7	5 2 1 5
8	13 9 1
9	1 2 3 2 2 1 3 1
10	1 5 5 2 6 1
11	3 1 1 1 1 1 3
12	2 6 1 6 3
13	3 4 1 1 4 2 1
14	1 2 2 1 2 2 1
15	1 10 1 6 1
16	1 2 1 1 1 1 1
17	1 2 1 1 2 1 1
18	1 3 2 1 1 3 1
19	1 1 2 1 1 3 1
20	2 3 2 1 1 1 1
21	5 3 1 1 3 2
22	2 1 1 1 1 3
23	1 3 2 1 5 1
24	2 4 1 1
25	13 9

A25 소금이 들어있어요

난이도

25×25

							6																	
							1	6																
				7		8	2	2	5	4	3													
			9	1	7	1	2	1	1	2	2	3	2											
17	15	11	2	2	2	2	2	2	2	2	3	2	3	1	1									
3	3	9	1	3	2	2	1	2	2	2	2	3	4	3	3	1	1	2	2	3	4	6	8	
2	5	1	7	4	5	5	2	4	3	3	3	3	4	6	4	8	7	8	9	10	11	12	13.	25

						25
					14	7
					13	5
					11	4
					10	3
					9	3
					7	2
				4	3	2
				6	3	1
			3	3	2	1
			3	3	2	1
			2	2	2	1
	2	2	2	2	1	2
	2	2	2	1	2	3
			3	2	1	4
1	1	2	2	1	2	5
	4	2	2	2	1	6
		2	1	1	2	7
			5	2	1	9
	1	4	2	2	2	9
		4	2	2	1	9
					8	12
					7	17
					2	22
					4	19

난이도

25×25

Column clues (top):

			3						4	4				4	5								
			1	4	5	4	4	6	2		4	4	2	2	5	5	6						
		5	4	1	1	1	10	1	1	2	4	2	5	1	1	1	8	9	10	12			
3	9	7	3	5	6	6	1	3	3	3	3	1	1	5	6	6	6	5	3	6	19	16	
1	1	2	2	5	4	3	3	2	2	1	1	2	2	3	3	4	5	6	7	2	2	1	14	10

Row clues (left):

			Clue
			15
			18
			20
			21
		4	12
		2	9
		2	8
		7	12
3	2	2	7
2	8	3	6
2	8	6	5
1	6	1	12
		8	14
	8	8	4
	6	6	3
	1	1	4
	1	3	4
		1	3
	2	4	3
	1	7	4
	2	4	4
		2	4
		4	6
		8	10
			23

A27 한 발로 땅을 구르면 앞으로 나가요

난이도

25×25

Column clues (top, read downward per column):

1	2	3	4	5	6	7	8	9	10	11	12	13	14	15	16	17	18	19	20	21	22	23	24	25
	1																							
	1									1	1													
1	3	2	3					2	2	3	1	1	2											
3	1	3	9	15	13	7	4	1	2	1	2	3	2	3	2	3	3	3	4	3	1	4		
4	6	2	1	2	8	6	3	2	2	3	2	2	2	2	2	2	1	2	1	4	6	2	7	5

Row clues (left, read left-to-right per row):

				5
			1	10
	3	7	1	
		3	4	
				3
				2
				2
				3
				2
				2
				2
				2
				3
				3
		2	2	
		3	5	
	3	5	2	
	4	6	4	
	7	6	5	
7	6	4	2	
9	2	4	2	2
3	3	3	4	5
2	2	6	3	
3	3	3		
				5

난이도

25×25

Column clues (top, left to right):

		12	3	3	5		6 1	12	13	3	2	1	1	1	2 3 2	2 3 2	1 1	4	2	3		8 2 1	8 2 2		

Top clue grid:

```
                            2  2  1              8  8
                         2  3  3  2              2  2
           12 3  3  5     6  1  12 13 3  2  1  1  1  2  2  1  4  2  3     1  2  8
         4  2  2  2  2  1  2  1  1  6  5  4  3  4  2  2  1  1  3  4  5  1  2  4
      3  6  3  2  1  3  4  2  1  1  1  1  2  1  5  3  3  3  4  6  4 11  2  1  3
      3  2  1  3  3  2  3  3  3  3  3  3  3  3  3  3  1  1  2  3  4  4  4  4  4
```

Row clues (left side):

				1	7	7
			2	3	3	6
			3	3	2	5
			4	2	2	4
		1	2	3	1	4
	1	1	3	2	2	3
	1	1	3	4	1	3
1	2	3	1	3	1	3
	2	1	3	1	2	2
	4	3	2	1	1	2
		4	3	2	1	4
		3	4	2	2	1
				4	1	2
					8	4
				3	5	2
				2	10	3
				2	3	12
	1	2	2	1	1	2
	1	3	3	2	2	1
			1	7	2	3
					2	4
				4	5	5
				1	16	6
				2	13	7
				3	8	9

난이도

25×25 Nonogram

Column clues (top → bottom):

Row	1	2	3	4	5	6	7	8	9	10	11	12	13	14	15	16	17	18	19	20	21	22	23	24	25
										2															
		2					2	2	6	3	2	2				3	1		2						
		3	3			2	2	2	2	2	2	2	2	2	2	2	2	2	2						
	2	2	5	2	6	4	3	3	3	3	3	3	3	3	4	6	2	5	5	5					
	3	5	4	16	10	9	9	9	9	9	9	9	9	9	9	10	16	4	5	3	5	5	5	5	5

Row clues (left → right):

#	Clue
1	2 2 3
2	2 2 1 2
3	2 2 3 2 2 2
4	1 3 6 2 2
5	2 2 5
6	2 2 5
7	5
8	12 5
9	18 5
10	5 5 4
11	6 6 3
12	20 2
13	18 1
14	1 10 1
15	1 1
16	2 2
17	14
18	14
19	14
20	14
21	16
22	16
23	16
24	16
25	12

A30　큰 입을 가지고 있어요

난이도

25×25 네모로직 (노노그램)

세로 힌트 (열)

열별 힌트 (왼쪽에서 오른쪽으로):

열	힌트
1	6 6
2	2 2
3	3 1 2 4
4	4 1 2 8
5	1 4 2 1 1
6	2 4 1 3
7	1 3 4 2 1
8	1 3 2 1 5
9	1 2 1 1 5
10	1 1 1 4 5
11	1 2 1 1
12	1 3 4 1 3
13	3 4 2 1 1
14	1 2 3 3
15	3 4 3 1 6
16	3 3 4 9
17	1 3 10 6
18	4 1 2 3
19	2 2 1 6
20	2 3 2
21	2 1 5
22	3 1 3
23	17

가로 힌트 (행)

행	힌트
1	4 3
2	2 9 1 3
3	5 3 3
4	3 4
5	1 2 2 2
6	4 2 2 5
7	2 8 1 2
8	2 1 2
9	1 2 2 1 1 2
10	1 2 2 1 2 1
11	1 2 1 1
12	1 2 2 1
13	2 2 2 1
14	13 2 1
15	1 7 2 1 1
16	3 3 3 1 2
17	11 2 1 2
18	1 2 1 3
19	11 1 2 1
20	4 3 6 1
21	4 4 9
22	4 3 3 1 1 1
23	25
24	3 1 1 3 1 1 9
25	21 3

A31 위는 얇고, 아래는 동그래요

난이도

25×25 네모로직 (노노그램)

가로 힌트 (행, 위에서 아래로):

1. 8
2. 1 4 1
3. 1 1
4. 2 2
5. 1 1
6. 1 1
7. 1 1
8. 1 1 6
9. 2 1 3 2
10. 1 2 8
11. 2 1 6 1
12. 2 2 1 1
13. 2 2 1 1
14. 2 2 1 2
15. 1 1 6
16. 2 10
17. 1 9
18. 1 9
19. 1 2 2
20. 1 3 3
21. 2 2 5 1
22. 3 3 1
23. 4 4 1
24. 18 2
25. 25

세로 힌트 (열, 왼쪽에서 오른쪽으로):

1. 3 10
2. 2 5
3. 2 4
4. 2 3
5. 2
6. 3 2
7. 4 6 2
8. 1 2 2
9. 2 2
10. 2 2
11. 2 2
12. 7 2
13. 1 3 3
14. 4 2 3
15. 2 4
16. 3 5
17. 10
18. 5 5 2
19. 4 5 2 1
20. 4 4 1 1
21. 1 2 4 1 1
22. 1 2 4 1 1
23. 1 2 4 2 1
24. 3 7 2
25. 6 10

A32 하얀 털에 동글동글한 강아지예요

난이도

25×25 네모로직 (노노그램)

가로줄 힌트 (위에서 아래로)

행	힌트
1	12
2	3 5
3	1 2
4	2 1
5	3 1 1
6	2 2 1 2 2 1
7	1 1 2 2 2 2
8	1 8 2 2
9	2 3 1 1 2 1 1
10	4 2 7 1
11	3 1 2 2 2
12	3 3 3 3
13	3 4 6
14	3 7 2
15	2 2
16	2 2
17	2 2
18	2 4 2
19	2 3 5 1 2
20	1 2 6 1 2
21	1 2 6 2 1
22	1 1 7 1 1
23	1 1 7 1 1
24	2 12 5
25	25

세로줄 힌트 (왼쪽에서 오른쪽으로, 위에서 아래로)

열	힌트
1	20
2	2 11 2
3	1 5 1
4	2 2 1
5	4 1
6	2
7	1 1 7
8	1 4 2
9	3 1 2 2
10	4
11	1 3 7 8
12	1 2 2 3 7
13	2 1 1 2 7
14	1 3 2 7
15	1 2 2 7
16	2 2 2 2 6
17	2 2 5 1 2
18	1 1 1
19	1 3 1 1
20	1 2 2 1
21	2 2 2 2 3 2
22	2 1 5
23	3 2 2
24	3 2 10 2
25	25

A33 빗자루와 쓰레받기가 필요해요

25×25

Column clues (top → bottom):

Col	Clues
1	4 3
2	5 2 3
3	6 1
4	2 4
5	9
6	3 8
7	4 6
8	4 6
9	3 4
10	1 4
11	4 1 4 4
12	3 1 4
13	3 4 1 4
14	6 1 2 4
15	3 2 4
16	3 3 1 4
17	5 1 5
18	5 1 5
19	3 4 5
20	11 1 5
21	8 2 4
22	18
23	3 1 2 2
24	8 2
25	3 1 1

Row clues (left side):

Row	Clues
1	3
2	3
3	3
4	3
5	3
6	12
7	13
8	13
9	2 1 1 1 1 1
10	1 1 2 1 1 1
11	5 2 1 2 1 1
12	3 2 1 1 1 1 1
13	4 1 1 1 1 5
14	4 12
15	5 2
16	3 2 1 3
17	5 1 2 3 1
18	7 4
19	10 4 2
20	11 4 2
21	16
22	17
23	8 7
24	2 3 3
25	5

A34 컴퓨터를 들고 다녀요

25×25

Column clues (top, read top-to-bottom per column):

1	2	3	4	5	6	7	8	9	10	11	12	13	14	15	16	17	18	19	20	21	22	23	24	25
								4	6				6			6	5	7						
						1		7	2	3		4	6	1	4	2	3	1						
					1	1	1	1	1	1	3	4	2	2	8	3	3	1	1	1	4	1	5	3
4	3	1	1	1	1	1	1	1	2	1	1	4	2	1	1	1	1	7	4	3	3	2	4	9
3	7	10	8	2	2	2	2	2	3	4	3	2	3	11	4	4	5	1	1	2	2	7	2	2

Row clues (left):

Row	Clues
1	9
2	11
3	12
4	12
5	1 2 2 4
6	1 2 2 1 2
7	1 1 2
8	2 4 2
9	2 2 2
10	10
11	11 2 2
12	1 3 1
13	1 2 1 1 2
14	2 1 1 1 1
15	1 2 1 1 1
16	2 1 8 1
17	1 3 1 1
18	13 2 2
19	4 11
20	25
21	25
22	3 2 6 1
23	3 2 2 1
24	3 1 1 5
25	3 1 1 7

A35 바닥에 음식을 흘리면 줄지어 나타나요

25×25 네모로직 퍼즐

세로 힌트 (열):

열	힌트
1	6
2	2, 4
3	2, 6
4	1, 10
5	2, 8, 1
6	1, 9
7	1, 9
8	1, 11
9	1, 9, 1
10	11, 1
11	2, 11
12	1, 6, 7
13	7, 6, 1
14	4, 1, 2, 10, 5
15	2, 2, 2
16	1, 12
17	1, 2, 7, 2
18	2, 4, 5, 1
19	4, 2, 8, 4
20	2, 2, 8, 2
21	2, 6
22	8
23	3, 3
24	2
25	2

가로 힌트 (행):

행	힌트
1	4
2	4, 3
3	4, 4
4	2, 3, 2
5	2, 2, 4
6	2, 2, 4
7	3, 6
8	11
9	10
10	11
11	2, 6
12	2, 5
13	7, 5
14	3, 10
15	2, 11, 1
16	1, 13, 2
17	1, 11, 1, 2
18	1, 10, 2
19	1, 12, 2
20	12, 1
21	11, 1
22	10, 2
23	8, 2
24	1, 1
25	2, 3

난이도

25×25

Column clues (top):

	7	7	7		4	3			2	6	3			1	1 1 1 1	1 1 1 2 5 2	1 1 2 7 1	1 1 1 1 1 6	1 1 1 1 1 1	1 1 1 2 1 5	2 1 1 2 4 2	2 1 1 2 9 1	4 9	15

(Column header numbers, reading top to bottom per column)

- 7 4 4
- 7 2 2 4
- 7 3 2 4
- 3 2 4
- 9 2 4
- 4 1 2 4
- 3 2 4 4
- 2 4 3
- 2 5 2
- 2 6 1 1 1
- 2 1 7 1 1
- 2 2 3 10 3
- 2 11 3
- 2 2 3 12
- 1 8 3 1
- 1 1 5 2 3
- 1 1 2 7 1 1
- 1 1 1 1 6 4
- 1 1 1 1 1 14
- 2 1 1 1 5 5
- 2 1 1 2 4 2
- 1 3 9 1
- 4 4 9
- 15

Row clues (left):

				25
			15	5
7	2	2	3	
		6	2	2
5	3	2	1	
		5	2	1
7	2	2	2	1
1	2	3	2	1
2	2	3	2	2
		1	7	2
2	2	9	4	
1	2	7	7	
2	2	11	3	
	2	2	16	
	1	2	15	
		3	13	
		2	12	
2	1	2	1	
1	2	1	2	
		3	3	
		6	2	
	8	5	4	
	9	4	7	
10	2	3		
		11	3	

25×25

Column clues (left to right, bottom-aligned):

| 5 | 3 | 2 | 1 | 2 | 1 | 2 | 2 | 2 | 14 | 2 | 1 | 2 | 1 | 1 | 1 | 2 | 3 | 4 | 5 | 7 | 5 | 5 | 5 | 5 |

with upper numbers:
- col 4: 3
- cols 6–8: 4 2 3
- cols 9–13: 3 8 2 1 / 1 2 5 5 3 / 1 4 1 2 2
- cols 14–18: 2 2 2 2 3 / 2 2 1 1 3 / 2 1 1 3 6 / (4 2 / 2 1 / 5 2) at top of cols 14–16, 6 at col 18
- cols 19–23: 7 / 9 2 / 9 6 16 3 3 / 1 2 3 4 5
- cols 21–22: 9 6
- col 24: 1 1 2

Row clues (top to bottom):

| 10 |
| 12 |
| 4 9 |
| 4 9 |
| 4 9 |
| 3 7 |
| 3 2 6 |
| 1 1 1 1 3 |
| 1 1 1 2 |
| 2 4 3 |
| 1 2 2 |
| 2 2 3 |
| 11 |
| 5 7 |
| 6 5 2 |
| 1 3 5 1 |
| 2 4 6 1 |
| 1 6 2 1 |
| 2 2 4 1 2 |
| 1 4 4 1 |
| 1 1 2 2 2 3 |
| 1 2 1 3 3 |
| 2 2 2 4 3 |
| 3 9 5 3 |
| 4 4 9 3 |

난이도

25×25 네모로직 (Nonogram)

세로 힌트 (열):

						1	1	1		1								
					2	2	1	1	1	1								
					1	2	2	2	2	3	1							
			1		3	1	1	1	2	1	1	2						
	2		2	2	1	1	1	1	1	3	2	3	1		2			
3	2		2	1	4	3	2	2	1	1	1	1	1	2	2			
2	1	2	2	1	1	2	6	1	1	2	2	2	1	3	1	2	1	1	2
6	4	2	5	3	4	3	4	2	2	3	3	2	1	1	1	2	3	3	2	7	6	2	2	4
4	3	3	1	1	1	6	6	8	2	2	1	1	4	4	4	1	1	2	2	8	4	12	10	11

가로 힌트 (행):

					8
			4	3
		3	4	3
	2	3	3	2
2	1	2	1	2
1	4	2	5	1
2	6	5	1	1
	3	6	2	2
			5	5
			3	13
		3	2	3
	4	5	4	5
3 3 2	1	2	1	3
2 2 2	2	2	1	3
			2	3 3
	1	4	6	5
	1	6	4	6
			7	7
	2	1	9	5
1	1	2	2	1 3
1	1	2	2	1 2
1 1	1	5	1	1
	4	2	3	2
	3	2	5	2
	6	2	3	2

A39 풍선 안에 불을 피우면 하늘을 날 수 있어요

25×25

Column clues (top, read top to bottom as printed rows):

- 2
- 3 2 2 2 7 1 … 1 2 2 3
- 6 2 2 2 2 10 14 … 5 4 2 … 4 5 … 10 6 2 2 3 5
- 1 3 1 1 2 1 2 2 16 … 6 5 1 2 5 … 8 16 13 2 2 1 2 2 1 1
- 3 1 1 1 1 1 1 4 2 2 6 4 4 7 4 4 6 3 2 4 2 2 2 2 2

Row clues (left, top to bottom):

#	Clue
1	8
2	14
3	2 4 4 2
4	2 5 5 2
5	2 4 4 2
6	1 4 4 1
7	2 4 4 2
8	1 4 4 1
9	1 4 4 1
10	1 4 4 1
11	1 4 4 2
12	2 5 4 1
13	2 4 4 2
14	2 3 3 2
15	2 4 3 2
16	2 3 3 2
17	2 2 2 2
18	2 1 2 1 3
19	4 9 2
20	1 3 1 1 1 3
21	3 2 1 1 1 2
22	1 2 7 7
23	8 7 6
24	7
25	5

난이도

25×25

Column clues (top):

| | 7 2 | 3 3 2 2 | 1 5 | 2 5 | 1 5 | 2 7 5 2 | 5 2 7 5 3 2 | 4 1 2 6 2 | 3 3 1 1 | 3 1 1 2 3 | 3 1 1 1 3 5 | 2 4 6 5 | 2 3 7 6 | 5 1 3 8 | 7 2 4 | 2 5 1 | 2 3 3 | 10 7 1 | 11 1 3 | 13 1 | 20 1 | 16 2 1 | 16 5 |

Row clues (left):

| 7 6 |
| 9 6 |
| 7 2 6 |
| 5 1 6 |
| 4 1 6 |
| 2 1 2 3 6 |
| 2 1 1 5 6 |
| 4 3 9 |
| 3 2 1 1 7 |
| 2 1 5 1 6 |
| 1 3 1 5 |
| 2 5 3 4 4 |
| 1 1 4 4 2 4 |
| 1 1 3 3 2 3 |
| 1 1 3 3 3 3 |
| 1 6 3 3 3 |
| 1 3 2 3 2 1 1 |
| 2 2 1 3 1 1 |
| 1 2 2 1 1 1 |
| 2 1 1 3 2 2 |
| 1 1 10 2 |
| 2 7 1 1 1 |
| 4 8 3 2 |
| 2 13 3 1 |
| 1 11 1 |

A41 마이크를 잡아요

난이도

25×25 네모로직 (Nonogram)

세로 힌트 (열 방향, 왼쪽→오른쪽):

열	힌트
1	5 8
2	8 10
3	10 6 12
4	6 8 4
5	7 8 3
6	9 7 4 3
7	5 1 4 2
8	4 1 2 1 4 5 2
9	4 2 1 1 1 1
10	3 2 1 3 1 1
11	3 3 1 4 7
12	3 4 5 2
13	4 3 2 5 1
14	4 3 2 5 1 2
15	9 1 1 1 2
16	1 1 1 1
17	2 2 1 7
18	6 5 2
19	6 6
20	4 2 2
21	4 3
22	4

가로 힌트 (행 방향, 위→아래):

행	힌트
1	9
2	12
3	14
4	8 4
5	7 2
6	6 3 4
7	6 2 4
8	3 1 2 1
9	3 1 4 1
10	3 3 5
11	3 3 2 7
12	4 2 6
13	3 8 6
14	5 2 2 7
15	12 7
16	8 3 4
17	8 2 4 2
18	4 2 4 1 1
19	3 6 1 2
20	3 1 2
21	3 5
22	4 2 2
23	6 3 2
24	8 3 2
25	15 2

A42 공격하고 막을 수 있어요

난이도

25×25

열 힌트 (위)

C1	C2	C3	C4	C5	C6	C7	C8	C9	C10	C11	C12	C13	C14	C15	C16	C17	C18	C19	C20	C21	C22	C23	C24	C25
																			2					
				5	2														2	4	3			
	4		6	3	3	1	3	1	2	1	2				2	2	1	3	1	1	3	5	5	4
2	3	7	10	3	1	6	6	7	7	7	8	1	2	2	1	1	2	1	7	1	10	7	2	
2	2	2	2	3	7	3	2	2	1	2	2	16	9	8	7	7	6	5	2	3	2	2	2	1
3	1	1	2	2	4	2	1	1	2	2	1	1	1	2	1	2	2	3	2	1	2	1	1	3

행 힌트 (왼쪽)

행	힌트
1	2 2
2	4 2 2 4
3	8 7
4	6 6
5	5 3 6
6	3 2 3 2 2 4
7	5 3 3 2 2
8	2 4 3 4
9	2 7 3
10	1 7 4 1
11	1 8 3 1
12	1 8 1 1
13	1 8 1 1
14	1 8 1 1
15	1 15 1
16	1 1 8 1
17	1 2 8 1
18	2 1 7 2
19	1 2 7 1
20	3 2 6 3
21	2 2 3 5 2 2
22	2 3 5 2 2
23	2 2 2 3 4 2
24	1 2 2 3 3 1
25	4 5 4

A43 머리에 집게가 달려있어요

25×25

세로 힌트 (열)

열	1	2	3	4	5	6	7	8	9	10	11	12	13	14	15	16	17	18	19	20	21	22	23	24	25
	6				4	4			2	2			1		1			2	1						
	2	5	5	4	2	2	4	3	3	4	1	2	3	5	1	3	2	2	1	3	3				
	3	2	1	2	4	6	2	2			4	5	2	8	7	8	3	3	2	2	1	2	5	5	7
	6	2	5	3	3	1	1	7	8	3	3	2	9	4	5	2	5	5	4	4	6	7	2	2	1
	6	2	3	2	2	2	2	3	4	15	4	3	2	2	2	2	2	7	2	2	3	2	2	1	1

가로 힌트 (행)

행	힌트
1	15 2
2	13 4
3	10 2
4	8 1 3 6
5	4 2 5 3
6	2 2 4 4
7	2 4 3 1
8	1 2 6 2 2
9	2 6 4 2 3
10	5 9 4
11	9 5
12	18
13	12 6
14	8 3 4 2
15	10 3 8
16	4 7 4 3
17	3 6 7
18	1 1 3 2 5
19	1 7 2 2
20	2 5 1 3
21	2 4 2 3
22	6 2
23	2 3 2
24	8 2
25	5 1

난이도

30×30

Column clues (top):

			5	3 2	2			2	2			1			1	2	1			2									
		2	1	2 1 4	2 3	2 3	1		1 2		1 1	1	1	1	1	1	3	2											
	3 2 6 2	1	2 2 7	3 3	1 3	1 3	6	4 2 3 3	2 4 3																				
1 1 3 4	3 3 1 1 1	1 5 2 4 4	4 5 5 5	6 6 6 6 6 6	6																								
6 2 2 3 2	1 6 8 5 3	3 1 8 6 4	1 2 1 1 3	2 2 1 2 2	2 9 7 5	6 6 4 2 4	6 1 2 1 2	2 6 4 3 4	3 3 2 3 1	1 2 2 3 2	2 2 4 2 5																		

Row clues (left):

Clue
10
7 3
5 3 3
3 1 9
4 2 4 2
2 1 1 3 2 5
1 2 3 8
2 1 4 9
1 3 9
4 9
1 10
7 3
3 2
8
4 3
2 2 17
2 3 17
3 3 16
4 3 15
5 3 13
6 3 8
4 2
6 2
3 3 4
3 6 2 2
3 4 8 3
3 6 3 3
3 3 3 2 3
3 3 4 4
5 8

B45 테트로도톡신이라는 독을 가지고 있어요

난이도

30×30

행 힌트 (왼쪽)

1 2 3
3 12 1
7 2 4 3 2
1 2 5 8 1
1 2 10 5
3 4 7
3 6 2
2 2 4 3 5 2
1 2 2 2 10
4 1 1 2 1 3 1
6 1 1 3 4 2
2 3 1 5 1 3 1
2 1 7 2 6
1 3 5 2 3 2 1
1 1 2 2 5
1 2 3 1 1
1 2 1 4 1
2 3 2 3
1 1 2 1
2 2 3
2 1 1 2 2
3 1 1 1 1 1 2 2 2 2
3 1 1 1 1 1 2 10
2 2 4 1 2 1 1 8
6 1 2 3 8
5 2 1 1 3 9 2
8 21
23 5
3 6 7 3 7
2 11 10 4

열 힌트 (위쪽)

																										1			
		2															7	1				3		1	
	5	2	2	4			1	5		1		3		1	9	1	2				1		2	2	
	2	3	2	2			1	1	4	3	6	2		6	3	1	4		4		2		2	1	1
3	2	1	1	1	3	2	1	5	2	1	1	1	5	4	1	2	1	7	4	2	2		1	2	1
8	4	1	1	2	1	3	1	2	1	4	1	5	4	5	2	2	1	2	3	3	2	8	2	1	1	1
7	1	2	5	1	1	2	1	2	1	3	1	3	2	1	2	2	3	4	2	2	1	7	1	5	11	1	3	1
2	11	5	1	8	4	5	5	3	4	1	4	7	4	4	5	5	4	1	7	6	5	1	9	2	9	9	4	11	20

난이도

30×30

Column clues (top):

1	2	3	4	5	6	7	8	9	10	11	12	13	14	15	16	17	18	19	20	21	22	23	24	25	26	27	28	29	30
											3																		
								4			1	2	6	3															
								2	5		1	1	2	1					2										
					4	6	1	3	3	5	1	3	2	2	2	1	1	3	1										
			2	1	5	5	2	1	4	3	2	1	1	2	2	2	1	1	1	1									
		2	4	8	6	6	2	1	6	6	1	2	1	3	1	1	1	3	1	1	2	1	3	1					
	4	2	1	1	2	6	1	1	1	2	4	3	2	1	1	1	3	2	4	1	1	2	2	1	3	2			
2	2	2	2	2	5	1	1	1	1	1	1	3	12	2	1	1	1	1	3	2	2	2	2	2	2	2	2	2	2

Row clues (left):

			7
			9
		7	2
	4	1	3
2	1	1	3
	3	2	1
		2	2
		1	3
	5	1	6
	2	11	1
		1	6
	1	4	2
	3	8	4
			21
			10
			9
			9
		2	6
		1	10
	1	2	2
	2	1	1
	5	3	1
	4	3	2
	2	3	1
	1	3	2
2	2	1	1
		7	6
	1	3	2
	6	3	11
			30

30×30 노노그램 (Nonogram)

가로 힌트 (행, 위에서 아래로):

행	힌트
1	8 3 9
2	1 4 8 11
3	1 4 10 12
4	1 3 6 5 5
5	1 3 2 16
6	1 3 1 2 2 3 8 2
7	5 1 2 2 1 7 2
8	5 1 2 2 6
9	5 2 3 7 4 2
10	2 3 2 2 2 8 2
11	14 2 8
12	8 5 6
13	15 1 1 4
14	3 3 1 1 2 1 1
15	5 1 2 4 2 2 1 1
16	4 2 3 2 8 3
17	3 1 1 1 1 3
18	4 3 1 1
19	2 2 5 4 4
20	1 3 4 3 2
21	1 1 2 3 4
22	2 2 6 1 3
23	4 1 2 2 1 1
24	1 3 3 1 1
25	1 7 1 1
26	4 7 1
27	2 3 2 2 1
28	6 2 4
29	1 2
30	4

세로 힌트 (열, 위에서 아래로 배열):

열	힌트
1	3 8 9
2	1 13 2
3	3 5 8 1
4	3 9 2 2 1
5	15 2 2
6	3 5 3
7	3 5 6 2
8	1 3 3 5 4
9	1 2 2 3 2
10	2 3 1 1 6
11	3 2 3 1 1 1 7
12	4 2 3 1 1 1 1
13	5 1 1 1 1 3 2
14	2 1 1 1 1 1 3
15	3 1 1 1 2 1
16	2 7 1 4 3 1 2 1
17	2 2 2 1 1 3 1
18	1 1 6 2 2 2 2
19	7 1 3 3 3
20	9 3 3 1
21	8 2 10 1 2 5
22	2 1 5 5 5
23	3 11 2 1 5 1
24	7 8 1 4 2
25	7 4 1 1 1
26	5 6 3 3 2
27	3 1 1 5
28	2 2 1 1
29	5 1 1 7
30	1 5 8

난이도

30×30 네모로직 (Nonogram)

열 단서 (위쪽, 왼쪽→오른쪽)

행	단서 (30열)
1	· · · · · · · · · · · · · · · · · 2 · 2 · · · · · · · · · ·
2	· · 1 · · · · · · · · · · · · · · 2 2 2 2 · · 2 2 · · · · ·
3	· · 1 1 · · · · · · · · · · · · 2 2 · 1 2 2 1 · 2 2 · · · ·
4	· · 2 1 2 2 1 · 1 · · 1 2 5 6 3 1 1 2 2 2 1 3 · · · 2 2 · ·
5	· 2 4 6 1 2 4 2 3 · · 7 1 1 5 9 6 5 1 8 14 7 2 1 3 4 2 2 3 · 10 8
6	8 2 2 2 2 2 2 3 4 2 2 8 6 4 1 1 5 3 1 1 1 1 2 3 3 3 2 2 10 8
7	4 4 4 4 4 4 4 4 4 4 1 1 4 1 2 2 3 9 1 1 1 1 7 3 4 4 4 4 4 4

행 단서 (왼쪽)

행	단서
1	6 4
2	2 2 6
3	1 3 1 4 3 3
4	3 2 3 11 2 2
5	4 1 1 9 3 2
6	4 1 2 1 1 3 2
7	3 2 3 1 5 1 1 2
8	1 3 1 1 8 1 2
9	2 2 1 2 2 2 3
10	6 1 1 1 3 7
11	4 1 1 1 1 1 5
12	5 5
13	1 7 1
14	1 1 1 1
15	1 2 3
16	1 7
17	1 8
18	10
19	10
20	10
21	3 4
22	2 2 2
23	1 1 1
24	2 1 4
25	1 4 1
26	4 2 1
27	11 2 13
28	10 1 2 8
29	10 6 7
30	11 5 6

B49 코에 뿔이 있어요

난이도

30×30

Row clues (top to bottom):

- 19
- 7 8 2
- 14 2
- 11 2 2
- 3 4 4 1 4
- 7 5 7
- 6 1 3 2 2 3
- 5 1 3 1 1 2
- 3 2 3 4
- 2 1 2
- 2 1 1
- 1 1 2
- 1 2 3
- 1 1 2 1 3 3
- 1 1 2 1 3 2 3
- 1 1 1 1 4 1 2 1
- 1 1 3 1 2 5 1
- 2 2 2 4 1
- 2 1 5 1 2
- 1 1 2 2 2 1 1
- 1 2 2 2 1 2 2
- 1 3 3 4 6
- 2 3 1 4 2 1
- 2 3 2 1 3 1 2 2
- 2 3 1 2 3 2 2
- 1 3 1 1 8
- 1 1 1 1 1 5
- 10 7 1 8
- 1 2 1 6
- 9

Column clues (left to right):

Col	Clues (top→bottom)
1	11 2 4 22
2	9 3 1
3	4 3 2 1
4	8 2 2 2
5	7 1 1 1
6	5 6 5 1
7	1 6 3 6
8	4 4 6 1
9	4 1 2 1
10	4 1 3 3
11	3 2 4 3 1
12	4 7 1 2
13	3 5 1 3
14	3 3 1 1
15	3 2 9 3
16	2 4 6 1 4 1
17	1 6 2 4 3
18	1 6 2 4 1
19	2 2 2 2 2 3
20	2 2 3 2 1
21	2 2 3 1 3
22	3 2 5 3
23	2 4 1 1
24	3 4 5 3 4
25	4 1 2 5 1
26	2 2 6 1 3 3 1
27	2 2 2 1 3 4
28	5 2 1 1 1
29	4 2 2 3 1
30	3 2 4 1 1
31	6 4 1

043

B50 아주 무서운 육식공룡이에요

난이도

30×30

Column clues (left to right, top to bottom)

Column	Clues
1	6 16
2	5 3 9
3	2 4 7 2
4	3 5 3 8
5	2 2 4 3 1
6	1 1 2 1 2 1 2
7	1 2 3 1 2 3
8	1 2 1 1 1 1 1 1
9	1 3 1 4 2
10	2 3 1 2 4 8
11	1 2 2 1 2 2 8
12	2 5 1 2 1 8
13	1 1 1 1 1 5 8
14	2 2 4 2 3 1 7
15	2 2 1 1 7
16	2 1 4 3 7
17	6 1 2 7
18	1 9
19	2 8
20	2 2 1
21	1 3 3
22	2 2 7 5
23	1 2 2 2 3 3
24	2 5 1 3 1 2
25	3 4 2 4 1 1
26	14 3 4
27	14 3 3
28	5 4 5
29	3 3 6 1
30	3 3 8 3

Row clues (top to bottom)

Row	Clues
1	7 3
2	3 3 2
3	3 3 2
4	1 2 2 2 3
5	1 1 1 3 2
6	1 1 3 1 6
7	2 1 12 3 5
8	1 1 1 2 1 2 1 8
9	1 1 3 2 1 2 6
10	1 1 7 8
11	1 2 1 6 2
12	1 6 6 1 2 1
13	1 5 2 2
14	1 2 2
15	3 1 1 2
16	1 1 1 1 3 5
17	1 2 2 2 9
18	1 2 1 2 1 6
19	1 2 1 2 1 1 4
20	2 2 2 1 1 1 2
21	7 4 2 1 2
22	5 3 2 4 1
23	4 5 2 4 1
24	4 11 5
25	5 12 4
26	6 11 1 1 2
27	5 10 1 2 1
28	2 1 2 10 3 3 1
29	1 1 2 11 4 3 1
30	1 1 23 2

B51 프로펠러가 돌아가요

난이도

30×30

Column clues (top header, as printed):

```
                                3
                    2       1   1                           2                               2
        2   1   7   2   3   2   5   3   1   2   1   2           2   5           2   1   1       1       2       2   3
        2   2   2   2   2   2   5   5   1   2   1   2   8   6   2       4   1   2   2   6   2   2       2   1   2
    3   2   2   2   2   2   2   2   2   4   3   2   2   2   3   1   2   2   4   1   2   3   3   3   2   2   1   3   4   3   6   3
    4   3   2   2   2   2   2   2   2   2   3   2   3   2   3   1   2   2   2   8   5   2   2   7   2   8   1   4   8  10  11
    2   1   1   1   1   1   1   2   2   3   3   4   4   1   4   7   2  13   6   4   1   9   5   5   6  10   8  13  11  10  10
```

Row clues (left side):

1. 3 3
2. 2 2 3 2
3. 1 2 3 2 2
4. 1 4 3 3 2
5. 1 2 2 2 2
6. 1 6 2 2 2
7. 3 5 3 3
8. 6 5 2 1
9. 2 2 9 2 2
10. 1 2 6 1 3 2
11. 9 3 7 3
12. 8 3 2 4 4
13. 3 3 1 6
14. 3 2 6
15. 3 3 1 4
16. 6 1 2 2 3
17. 2 3 2 4 3
18. 2 3 1 3 5
19. 2 2 1 2 1
20. 2 3 3 3
21. 2 5 3 4
22. 2 4 5 1 4
23. 2 3 1 4 6
24. 2 5 1 3 6
25. 1 4 4 2 7
26. 2 4 6 10
27. 8 2 2 3 10
28. 5 4 2 3 10
29. 1 6 6 10
30. 13 4 11

B 52 하회별신굿탈놀이에 나와요!

난이도

30×30

가로(행) 힌트

행	힌트
1	4 4 4
2	3 20 2
3	1 4 4 3 5 2 2
4	1 4 4 3 4 2 1
5	1 4 3 2 4 4
6	1 3 4 3 5 3
7	21 4
8	2 16 4
9	3 4 2 1 1
10	3 3 3 2 1
11	2 3 3 2 1
12	1 3 3 1 1
13	1 3 2 1
14	1 2 6 6 4
15	2 2 3 2 4
16	2 1 14 3
17	2 1 2 3 4
18	2 1 1 1 1 2 1
19	2 3 3 1 1 3 1 1
20	2 3 3 1 1 3 1 2
21	1 3 3 1 1 3 1 2
22	1 5 1 1 1 3
23	1 5 2 2 1 2 1
24	7 3 4 2 5 1
25	5 1 1 3 1
26	4 1 6 1 1 2
27	1 1 1 1 2 2
28	4 2 3 6
29	2 9 5
30	3

세로(열) 힌트

열	힌트
1	3
2	1 2
3	4 3 1 9
4	5 7 2
5	1 11 7
6	9 6 2 9
7	1 5 1 1 3 4 8
8	1 3 1 1 3 2
9	3 1 7 22
10	2 2 1 3
11	4 4 11 3
12	2 2
13	1 1
14	1 1
15	1 1
16	2 8 3 7 1 3 1
17	1 5 3 1 3 2 1
18	3 3 3 1 1
19	4 3 2 8 3 2 1
20	2 1 2 2 1 1
21	8 1 1 1 2 1 2
22	8 1 1 1 1 1 1
23	5 2 1 1 1 3 2
24	1 3 2 1 1 1 3
25	1 3 2 1 5 1 3
26	1 3 9 7
27	6 6 4 1 4 3
28	1 3 4 6 6 3 3
29	2 2 4 4 6 1 4
30	4 3 5 6

B53 껍질을 잡고 먹어요

30×30 네모로직 (Nonogram)

가로 힌트 (행, 위에서 아래로):

- 13
- 16
- 17
- 18
- 19
- 19
- 7 4 5
- 3 2 3 2 3
- 1 2 2
- 1 1 4 3
- 1 2 3
- 4 2 5
- 3 2 2 1 3
- 2 1 2 1 6
- 1 2 5 3 3
- 2 10 6 5
- 1 3 1 1 6 1 3 2
- 2 4 1 1 1 5 1
- 1 5 2 1 1 1 1 1 1 1
- 1 2 2 2 1 1 1 5 1
- 3 5 2 1 1 3 1
- 3 1 3 3 3 2
- 1 1 7 5 2 3
- 1 1 5 7 1
- 1 2 4 13 1
- 1 2 2 8 1 1
- 1 4 1 1
- 1 17 2
- 2 2 2 2
- 6 4

세로 힌트 (열, 왼쪽에서 오른쪽으로):

- 12 2
- 2 6 2
- 2 3 2 2 1
- 3 2 2 1
- 1 1 1 1 1
- 1 4 1 1 1 1 2
- 1 1 1 1 5
- 9 1 2 5 1
- 7 2 2 3 1
- 10 6 2 1
- 9 2 2 3 1
- 7 2 1 2 3 2
- 6 2 2 2 1
- 8 8 1 3 1 1 1 2
- 1 3 2 1 1 2
- 7 7 3 1 2 2
- 7 3 3 1 2 2
- 1 6 1 2 3 2
- 6 8 1 5 1 2 2
- 1 4 1 7 3 3
- 7 14 7 2 1 8
- 4 3 4 1 1 5
- 3 1 3 1 1 2
- 4 1 1 2 2
- 4 1 2 2 13

B54 달걀흰자를 열심히 치면 머랭이 돼요

난이도

30×30

Row clues (top to bottom):

- 4
- 2 2
- 1 3
- 6
- 5
- 5
- 5
- 5
- 5
- 14
- 8 5
- 3 3 2 3
- 2 3 3 2
- 2 2 2 3 2
- 2 3 2 2 2
- 1 1 2 2 2 1
- 1 9 2 1 5 1
- 2 3 1 1 6 2 4
- 3 1 1 2 1 3 2
- 5 2 1 1 1 3
- 6 4 2 3 2
- 9 5 5 1
- 20 1
- 13 2
- 12 2
- 12 1
- 12 3
- 11 2
- 10 3
- 14

B 55 바람이 밀어줘요

난이도

30×30

Nonogram puzzle (30×30 grid).

Column clues (top):

						2	2	2	2			2	2	2													
				4	1	1	1	3		4	1	1	1	2													
		2	1	1	4	3	1	6	1	1	1	1	1	2	2												
	3	1	3	3	1	1	1	1	1	1	1	1	7	5	1	3											
6	1	1	1	1	1	1	1	1	1	1	1	1	1	4	3	2	1										
1	4		3	5	4	6	2	1	1	1	1	1	1	1	1	2	1	3	3	2	3	4	2				
2	2	2	1	1	3	2	2	3	2	2	6	6	3	3	3	4	4	4	3	3	3	3	2	3	4	6	2	2
2	2	6	3	3	3	3	2	2	3	3	2	1	1	2	2	1	1	1	1	1	2	3	1	1	1	3	3

Row clues (left):

		2
		6
		14
	1	10
2	1	1
	7	1
1	1	6
1	2	1
	6	2
	1	10
1	1	3
1 2	1	1
	5 1	2
	1 11	2
1 2	1	1
	2 1	2
	2 1	1
	14	2
	3 1	2
1 2	1	1
	4 14	2
	5 2	2
1 7	2	11
	2 21	1
	1 16	4
	5 8	5
	3 2	3
	9	6
	17 2	2
	5 3	15

B56 나무로 만든 말

난이도

30×30

Row clues (left → right, top to bottom):

Row	Clues
1	8
2	5 2
3	5 5
4	5 2
5	6 2 2
6	4 2 2 1
7	4 3 1
8	4 3 4
9	4 7
10	4 4 3 1
11	16 3 3
12	5 1 7 3 1 3
13	4 1 7 8
14	4 1 7 1 7
15	4 1 5 1 1
16	4 2 2 1
17	3 9 2
18	3 2 3
19	5 2 2
20	3 2 4 1
21	1 9 2 2
22	2 2 3 1 3
23	2 3 2 4 6
24	5 2 4 2 1
25	1 2 2 4 3 2
26	1 2 2 8 2
27	2 18 2
28	2 12 6
29	6 9
30	30

Column clues (top → bottom per column):

Col	Clues
1	5 2 5 2
2	10 2 4
3	11 2 3
4	3 2 4 2 2
5	2 2 2
6	4 1 2
7	6 1 1
8	1 2 3 6
9	4 1 6 2
10	5 1 3 2 2
11	5 1 1 5 1
12	5 5 2 1
13	5 5 1
14	5 1 1
15	1 1 1
16	6 2 1
17	2 2 2 2
18	12 2 3
19	2 3 8 1
20	7 6 7 1
21	5 7 1
22	4 4 5 2
23	3 3 7 3 2
24	2 3 2 8 2
25	2 4 4 7 3
26	1 1 1 5 5 3
27	1 1 3 4 4
28	1 3 2 1 5
29	9 2 2 3
30	2 4 3

B57 연못에 피는 꽃

난이도

30×30

행(가로) 힌트:

			20	9	
			10	8	9
			9	4	9
	9	2	2	5	
	13	1	1	5	
	5	3	2	5	
	6	2	1	2	
	6	2	3	1	
2 1 1	1	2	1		
3 1 1	3	2	2		
3 1 3	2	1	2		
	3 1	2	3	1	
	3 2	3	1	1	
	4 1	1	1	1	
	4 2	2	1	2	
	5 2	1	1	2	
	5 2	1	2	2	
	6 2	1	1	2	
	1 2	3	2	6	
	2 6	4	4	1	
	5 4	7	2		
	2 5	6	2		
	1 1	2	4		
		2	2	2	
3 3	2	1	1		
5 3	2	3	2		
		12	7	1	
		8	11	2	
			23	1	
			23	1	

B58 등에 혹이 있어요

난이도

30×30

가로 힌트 (행 단서, 위→아래)

#	단서
1	7
2	2 6
3	3 3 1 1
4	2 2 3
5	1 3
6	4 1
7	2 2 2 4 4
8	7 2 6 6
9	2 2 2 2 4 2 2
10	1 2 1 2 1
11	2 4 2
12	2 2 1
13	2 1
14	2 1
15	2 1
16	2 1
17	1 1 1
18	2 1 1 2
19	1 1 2 2
20	2 4 3 2
21	3 9 3 2
22	8 2 7 2 2
23	3 5 1 7 1 2
24	9 1 3 4 2 1
25	6 2 1 8 3 1
26	1 7 1 5 2 3 1
27	9 1 8 3 1
28	8 1 7 2 1
29	4 2 1 3 3 1 1
30	29

세로 힌트 (열 단서, 위에서부터 각 줄)

줄	값 (왼쪽→오른쪽)
1	2
2	1 1 2 1 1 1 2
3	2 1 2 5 1 2 1 2 2 1 5 2 2
4	3 1 8 3 2 1 2 1 2 2 2 3 3 3 2 2 4 2 2 3 3 2 3
5	4 4 4 1 7 1 4 8 5 3 3 6 2 4 2 2 9 3 2 5 9 4 3 1 2 7 3 2 6
6	8 4 9 7 1 11 5 1 1 1 1 9 1 2 11 11 1 6 10 4 1 1 1 1 7 1 1 1 1 20

난이도

30×30 네모로직 (노노그램)

가로줄 힌트 (위에서 아래로):

#	힌트
1	5
2	6 3 3
3	2 3 2 2
4	1 2 1 1
5	2 2 2 4 2
6	1 3 1 1 3 4
7	1 5 1 1 2 6
8	1 9 1 5
9	1 12 2
10	1 4 4 2
11	1 4 2
12	1 6 1 2
13	2 3 2 3 2 2
14	2 4 5 2 1
15	3 3 2 2 1
16	7 3 2 2
17	7 3 4 4
18	8 10 2 1
19	6 2 6 3 1
20	6 3 5 1
21	3 2 4 4 1
22	2 2 3 3 3 2 3
23	2 3 5 4 2 3
24	7 2 3 4
25	8 4
26	4 3 5
27	2 4 6
28	10 7
29	12 9
30	7 22

세로줄 힌트 (위에서 아래로, 왼쪽에서 오른쪽):

```
                                        1
      1   1           1   5   2      2   2   5   1   1   5              1   2   1   1          1
      3   5   1    3  2   5   1   4  2   1   2   2   2   3   2   1   2   1   3   3   2   2   2
      7   5   7    1  1   1   5   3  4   3   2   2   2   2   2   2   3   2   6   4   1   2   8   7   4
      3   3   3 10 1 5   4   3   2 4  3   2   1   2   1   3   2   2   2  1   3   2   4   5   4   8   2   3   1
     26  18   3  3  3 23 8   5   4  3  2   2   1   1   1   1   1   1   1  1   1   2   2   3   4   5   7   9  14   9
```

053

B60 막대 두 개를 이용해요

난이도

30×30

세로 힌트 (열 힌트)

각 열 위의 숫자:

열	힌트
1	23 3
2	21 4
3	9 3 4 2
4	7 5 6 3
5	4 1 6 4
6	6 2 1 7 4
7	5 1 3 1 4
8	1 7 7 4
9	3 3 1 4 5
10	2 1 1 2 7
11	4 1 1 5 1
12	6 1 1 5 1
13	5 1 2 3 2
14	4 2 2 1 2
15	1 1 3 1 2
16	2 1 1 2 2
17	1 2 2 2 2
18	1 1 1 1 2
19	2 1 2 1 3
20	2 3 3 2 1
21	5 6 1 2 2
22	5 1 2 2 4
23	4 1 1 2 4
24	1 1 1 1 4
25	2 2 2 1 3
26	4 2 2 1 3
27	5 1 1 1 3
28	6 2 1 2
29	2 1 2
30	7 2 2
31	8 3 1 2
32	9 3 1 2
33	10 3 1 2

가로 힌트 (행 힌트)

행	힌트
1	11 3 9
2	10 4 2 8
3	9 3 3 8
4	7 11 7
5	6 6 6 6
6	5 1 2 4 2 5
7	4 8 4 2 4
8	3 2 9 2 3
9	3 1 3 2 2
10	2 4 2 1
11	2 2 3 2
12	2 1 7 3
13	2 1 3 3 2
14	2 1 3 5 1
15	2 5 3 1
16	3 3 3 2
17	3 2 3 4
18	3 3 3 2 2
19	2 2 3 1 2
20	2 3 3 1 1 4
21	2 7 2 3 4
22	1 2 6 2 2
23	1 3 4 4 2
24	2 3 2 2
25	3 2 9 3
26	2 3 8 4
27	2 2 7 4
28	2 2 8
29	1 3 11
30	2 10

B61 뿔과 수염이 있어요

난이도

30×30

Column clues (top):

			1																									1	
	1		2																									2	
	3		1				2																					1	
	2	2	2	2			2	2			2	1							1		1	1				1			
	1	5	1	1	5		3	1		4	5	2	1	2	1			2	1	1	1	2	3	2	4	1	1	3	2
4	3	4	2	2	1	3	1	6	1	1	2	1	3	3	1		2	1	1	1	2	3	2	4	1	1	3	2	
5	1	3	2	2	3	1	4	3	2	1	3	5	1	7	3	4	1	2	4	2	8	3	3	7	2	3	5	2	10
3	3	3	3	3	3	3	3	3	2	7	2	3	9	3	2	7	2	2	10	3	3	3	3	3	3	5	12	6	3

Row clues (left):

Row clues
3 5
3 3 5 2 1
1 2 3 5 8 1
2 9 5 4
3 1 2 5 1 1
3 2 2 2
1 4 1
2 4 1
3 3 3 1
2 2 1 1
1 1 1
4 2 1
1 1 1 3 1 2
5 2 1 1
7 1 4 1
1 1 1 2 2 3 1
1 2 1 3 1 1 1
3 2 1 1 1 1 1
3 4 1 1 1 1 1
1 3 1 1 1 1 1
1 2 1 1 4 1 1
1 1 1 1 4 4
1 1 1 1 4 4
1 1 2 1 3
10 4 12
10 4 12
10 4 12
1 2 1 1
4 5
4 4

난이도

30×30

Row clues (left):
- 4
- 3 2
- 3 4
- 11
- 4 6
- 3 4
- 5 2 4 3
- 4 6 1 1
- 4 1 4 5
- 2 1 1 1 1
- 1 3 2 1 1
- 5 1 1 5 1 1
- 1 9 1 1 1
- 2 3 1 1 1
- 1 1 1 1
- 3 7 1 1 1
- 1 3 2 3 1 2 3
- 4 2 1 1 2 2
- 1 2 2 3 1
- 3 2 2 1 2 5
- 1 1 7 1 1 3 3
- 4 1 2 1
- 1 1 1 4 3
- 4 1 1 9
- 1 1 9 1 1 9
- 1 14 1 7
- 4 12 3 5 1
- 5 8 5 2
- 7 15
- 30

난이도

30×30

Nonogram puzzle (30×30).

Row clues (top to bottom):
- 14 9
- 13 13
- 12 15
- 11 4 10
- 3 5 3 6
- 5 6 3 5
- 7 3 6
- 2 3 6 4 5
- 2 3 4 1 2 5
- 1 2 2 1 1 3
- 1 2 2 2 5
- 1 2 3 1 1 2 3
- 1 2 3 5 2 3
- 2 3 2 3 3 1 3
- 3 1 2 4 3 2
- 2 1 3 7 2
- 7 4 1 4
- 1 1 2 1 1 1 3
- 6 4 3 2 3 2
- 1 1 2 12 2 1
- 8 2 3 3
- 2 1 1 1 12 2
- 1 3 1 4 1 3
- 1 2 2 2
- 1 1 1 2 2
- 1 1 1 2 2
- 1 1 2
- 2 2 2 1
- 3 4 2 2
- 12 6

Column clues (left to right):
Col	Clues
1	5 7 9
2	5 6 2 3
3	5 1 3 3 2
4	4 2 1 1 3 1
5	4 2 1 2 1 1 1
6	4 2 1 1 1 1
7	1 2 6 1
8	4 3 4 1
9	4 3 3 2 1
10	2 4 2 1
11	4 4 2 2
12	8 2 2
13	6 1 3 6
14	3 1 9 3
15	2 2 2 3
16	13 2 3 4
17	4 1 1 4
18	5 6 2 4 2 2
19	6 1 1 6 2 5
20	1 4 1 1 5 8
21	3 1 1 1 3
22	6 2 2 5 1 4
23	6 2 1 1 1 2 2
24	1 1 3 2 3 2
25	5 7 2 3 1 1
26	8 1 3 3 1
27	11 1 3 2 1
28	16 2 1 1
29	11 2 1 1 2
30	8 2 1 2

B 64　머리에 수건을 둘러요

30×30

가로(행) 힌트 — Row clues (top → bottom)

#	Clues
1	9
2	17
3	5 1 1 11
4	3 1 1 1 2 3 5
5	2 1 1 1 1 1 2 5
6	3 1 2 4 1 2 4
7	2 1 1 1 2 2 3 4
8	2 2 2 2 3 2 2 3
9	2 1 2 2 7 3
10	3 2 2 3 4 2
11	1 2 13 2 1
12	2 4 2 5
13	2 5 6 2
14	4 2 2 6
15	2 2 2 1 3
16	2 1 2 1 2
17	2 6 4
18	6 4 7
19	3 3 7 3
20	3 13 2
21	1 1 11 1 2
22	4 1 9 1 3 2
23	2 1 3 7 1 3 1 1
24	1 1 1 4 3 1 2 1
25	5 3 2 1 7
26	2 4 1 1 1 1 4 2
27	1 2 7 2 1
28	1 5 1 1 1 5 1
29	1 3 1 2 1
30	1 6 1 5 1

세로(열) 힌트 — Column clues (top → bottom)

Col	Clues
1	8
2	3 2
3	5 2 1 1 1
4	3 2 2 1 1 6 4 1
5	6 2 1 2 3 2 1 2
6	2 3 7 1 1 1
7	1 1 1
8	7 1 1 3 1
9	2 2 1 3 11 1 4
10	1 3 4 3 3
11	5 3 6 1 2
12	1 3 2 6 4 1
13	2 2 1 1 5 3
14	3 6 1
15	6 3 1 3 11
16	2 2 3 8 1
17	6 1 4 3 6 6 3
18	3 1 1 4 5 1
19	3 1 6 1 3
20	9 3 4
21	7 1 1 1 4 1 3 1
22	4 2 1 6 1 1 1 1
23	10 1 3 1 3 1 1 1
24	2 3 2 1 2 1 1 2
25	3 8 2 1 1
26	4 6 1 3 1
27	5 2 1 2
28	9 2 2
29	7 2 2
30	5 9

난이도

30×30

Row clues (top to bottom):
- 5
- 2 2 3
- 2 2 6
- 2 1 6
- 3 1 8 1
- 4 2 3 1 1
- 8 2 1 1
- 7 2 2 1
- 2 2 4 1 1
- 2 2 6 2 1
- 1 1 8 2 1
- 2 2 3 4 1
- 3 3 3 2 2
- 7 2 2 2
- 5 3 4 3
- 3 3 4
- 7 2 6
- 11 7
- 3 4 7
- 3 2 7
- 2 2 5 8
- 2 5 2 10
- 3 2 2 2 3
- 5 1 2 2
- 5 2 1 1
- 4 2 1 1
- 2 4 1 1
- 1 3 3 2 1
- 1 9 9 2
- 3 9 3

B66 입으로 불면 소리가 나요

난이도

30×30

Row clues (left → right):

#	Clue
1	1 3
2	2 2 2
3	1 3 1 1
4	2 1 2 2 3
5	3 1 1 6
6	3 1 2 3 4 3
7	4 3 1 3 2 3 3
8	5 4 2 4 3 2
9	5 3 5 6 1
10	6 2 2 3 2 1
11	7 4 3 1 1
12	8 4 5 2 1
13	12 3 5 1
14	1 5 3 2
15	4 3 3 1 2
16	2 5 3 2
17	2 9 2
18	2 4 3 2
19	1 2 4 2 2
20	1 1 1 2 2 5
21	2 2 1 4 2 6
22	2 1 2 2 2 2 1
23	3 2 4 2 1 1
24	4 1 9 1 1
25	5 1 8 3 3
26	6 1 9 4 4
27	8 10 4 4
28	21 2 2
29	22
30	23

Column clues (top header, read top → bottom for each column):

Col	Clue
1	13 12
2	10 1 10
3	9 1 8
4	7 2 7
5	6 2 6
6	4 4 5
7	3 3 4
8	2 2 2 4
9	2 3 3 3 3
10	3 3 1 4 3
11	8 2 4
12	2 2 8
13	2 2 3 12
14	2 3 2 9
15	2 4 3 1 8
16	2 2 4 4 4 7
17	4 4 4 5 7
18	2 4 4 5 7
19	1 3 3 5 5 7
20	2 3 5 3 5
21	2 3 5 2 3
22	3 5 5 2 2
23	5 3 3 4 1
24	2 3 6 2 4
25	3 3 2 2 7
26	4 3 2 2 3
27	2 4 3 2 2 2
28	2 2 1 4 2 2 4
29	1 4 3 2 4
30	2 3 2 8 8

B67 잘못을 했나 봐요!

30×30 네모로직 (Nonogram)

세로 힌트 (Column clues):

col1	col2	col3	col4	col5	col6	col7	col8	col9	col10	col11	col12	col13	col14	col15	col16	col17	col18	col19	col20	col21	col22	col23	col24	col25	col26	col27	col28	col29	col30
											5							3		1									
									6	2	6						4	5	1	2	1								
	1					5	5	6	1	1	2	6	8			1	1	2	1	1	2								
1	1	3	2	8	2	9	2	2	2	5	1	1	2	1	2	6	4	2	2	5	1	1	3	4					
1	1	1	2	2	1	2	3	2	1	2	3	3	3	3	4	7	2	8	1	1	4	2	1	2	7				
4	6	4	2	2	2	1	2	2	6	1	8	4	2	1	1	1	7	2	1	2	3	7	1	2	2				
5	5	5	5	5	2	1	1	1	1	5	5	2	1	1	1	1	1	2	3	3	3	4	6	4	4	7	5	5	

가로 힌트 (Row clues):

	힌트
1	4 5
2	1 3 2 2
3	4 1 3 1
4	1 1 7 1 3 1
5	2 2 10 2 1 1
6	5 12 1 1
7	1 1 13 5
8	1 1 13 2 2
9	1 6 1 6 2 1
10	2 2 2 1 1 1
11	1 1 2 2 1 5 1
12	1 1 2 2 2 1
13	2 1 1 3 1
14	2 2 3 2 2 2
15	2 2 4 2 3
16	3 6 1 3
17	2 1 2 1
18	2 8 1
19	2 8 2
20	1 6 1 1
21	1 1 1 1
22	1 1 2 3
23	5 6 2
24	2 7 2 2
25	3 2 4 1
26	6 2 2 1 3
27	5 1 7
28	5 1 9
29	6 2 11
30	30

난이도

30×30

Column clues (top):

| 4 | 3 | 1 | 2 | 2 | 1 | 2 | 1 | 4 | 4 | 2 1 2 2 3 | 1 4 2 1 1 3 1 8 1 | 4 4 1 1 1 2 1 8 2 | 4 2 1 1 1 2 2 1 1 | 4 1 1 1 1 2 7 1 | 4 2 1 3 2 7 1 | 2 1 1 3 4 1 | 4 2 2 3 6 5 | 2 1 2 1 11 | | 2 2 1 6 1 | 4 3 6 2 | | 4 2 5 |

Row clues (left):

					9
					13
	3	3	3	3	
					17
				8	8
				5	5
			2	12	2
		1	4	4	1
		2	3	3	2
		3	2	2	4
			6	7	5
		1	1	1	1
		1	4	4	1
	1	1	3	3	1	2
	8	1	2	2	1	8
			7	2	1	8
	7	2	3	2	2	4
		1	4	4	4	6
		6	2	5	2	6
		3	2	1	1	6
4	1	2	2	1	2	2
	5	1	2	2	1	5
2	1	1	2	2	1	5
		4	1	2	4	4
	4	2	1	1	2	3
		2	1	1	1	3
		3	1	1	1	3
2 1 2 3	1	2	3	2	2
		7	2	1	12
		4	16	4	3

B 69 　피부가 촉촉해요

난이도

30×30

Row clues (left side, top to bottom):

- 2 2 11 2
- 4 1 2 2 8
- 3 1 1 12
- 7 7 5
- 5 1 4 7
- 5 4 12
- 4 2 18
- 8 9 5
- 10 4 3
- 11 2 2
- 14 1
- 1 7 2 3 1
- 2 8 6 1
- 3 1 4 4 2 1
- 2 3 3
- 3 1 2 1 3
- 2 1 5 2 1 2 3
- 1 5 2 5 3
- 4 3 2 3
- 2 8 4
- 3 2 5 3
- 2 3 3 2 2 3
- 1 3 1 1 2 2 2 2
- 1 3 1 2 1 2
- 1 3 5 1 2
- 7 3 2 2 2
- 2 4 2 1 2
- 9 3 3
- 7
- 2 2 2

Column clues (top, left to right):

col	clues
1	6 4 7
2	4 2 2 4 4 3
3	6 1 1 3 1 1
4	7 1 1 1
5	9 1 1
6	9 3 2 1 5 1
7	3 6 2 1 4 1
8	11 1 2 1
9	15 1 2 2
10	4 3 5 1 5 2
11	2 1 2 4
12	1 1 1 3 2 1
13	1 1 3 4 1 3
14	3 1 5 5
15	5 3 2 4 3 2
16	2 3 3 4 2 3
17	2 1 6 4 4 4
18	8 8 1 3 2
19	8 3 2 5 4 4
20	1 3 5 1 2
21	7 1 2 6
22	2 3 3 3 3
23	3 3 2 2 3
24	8 3 2 6
25	8 8 3 14
26	10 8 2 1
27	4 15 1

B70 모자가 달린 티를 입고 있어요

난이도

30×30 네모로직 (노노그램)

가로 열쇠 (행 단서):

행	단서
1	10
2	3 3
3	1 5 1
4	2 9 2
5	1 6 3 1
6	1 2 1 2 3 2
7	1 2 3 1
8	1 4 3 2 1
9	1 1 2 2 1 1
10	1 1 2 1
11	1 2 2 1 1
12	2 2 3 2 1
13	1 3 2 2
14	4 8 4
15	7 1 2 2 5
16	6 1 2 2 3 4
17	5 1 3 1 3
18	6 1 2 2 4
19	4 3 1 2 6
20	4 3 1 2 2
21	4 2 2 1 2
22	3 4 1 1 2
23	3 2 1 5 6 2
24	3 1 4 7 2 2
25	3 1 4 1 1 1 2
26	4 2 3 1 1 2
27	4 2 3 2 1 3
28	5 3 1 1 1 4
29	9 9 5
30	9 11

세로 열쇠 (열 단서):

열	단서
1	16
2	16
3	16
4	7 5
5	4 3
6	2 9 2 2 2 4
7	9 3 1 2 5 3
8	3 3 1 1 3
9	1 3 5 3 1
10	2 2 3 3 1 1 4
11	1 4 2 1 1 2
12	1 4 3 1 1 1 1 1 3
13	1 1 4 2 4 1 1 3
14	1 4 1 1 3 2 5 1
15	1 1 2 2 1 1 1
16	1 1 3 2 3 1 6
17	1 2 1 2
18	2 4 3 2 2
19	1 4 1 2 2
20	4 3 1 2 3 1
21	3 2 3 2 1
22	9 3 3 1
23	1 1 2 1 2
24	2 2 2 2 3
25	1 2 2 4
26	5 16
27	16

난이도

30×30

B72 뿔이 달린 상상 속 동물이에요

난이도

30×30

Column clues (columns 1–30, top to bottom)

Column	Clues
1	2 3 2 7
2	3 3 3 7
3	6 7 7
4	14 7
5	6 16
6	3 4 7
7	4 3 2 1
8	2 1 1 1 2 1 1
9	1 2 2 10
10	4 2 1 4 6
11	2 2 8
12	4 1 1 4
13	2 3 2 1 3
14	1 5 2 6 1 1
15	1 3 5 3 3 1
16	2 1 2 1 6
17	1 2 1 1 6
18	3 2 3 6
19	2 1 2 5 3
20	1 2 2 1 3
21	1 6 1 3
22	1 3 6
23	2 10
24	2 2 3 2
25	1 5 2
26	3 3 1 2
27	13 1 3
28	9 11
29	10 6
30	8 6

Row clues (rows 1–30, left to right)

Row	Clues
1	3 4
2	2 7 2
3	4 4 2
4	7 1 1 3
5	6 4
6	5 3 3
7	1 3 2 2 7
8	4 5 5
9	4 1 3 3
10	2 1 1 2 1 4
11	1 2 3 1 1 3
12	3 3 2 3
13	3 4 4
14	4 4
15	1 3 1 5
16	3 1 5
17	1 2 1 5
18	2 2 1 2
19	3 1 4 1 2
20	4 1 1 2 2 2 1
21	1 3 5 3 1
22	1 2 1 2 3 1
23	2 3 1 2 1 1 1
24	6 1 1 1 2 1 1 1
25	6 3 6 4 3
26	6 3 17
27	6 4 4 3 3
28	14 8 4
29	6 5 15
30	5 23

B73 아기의 첫 번째 생일이에요

30×30 네모로직 퍼즐

가로 힌트 (행, 위에서 아래로)

				9
				11
			4	6
			5	7
				13
			2	3
	2	2	2	3
	2	2	2	2
		2	1	2
		1	4	2
		1	2	2
				13
	3	2	2	2
		1	6	2
1	1	4	1	1
1	1	1	1	1
1	1	2	1	1
		1	12	3
			17	3
	1	12	3	2
		15	1	1
1	1	9	4	3
	14	3	2	1
1 1 1	1 1	1 1	1 1	1
	12	1	1	1 1
1	1	1	1	1 15
		13	2	1
		1	1	11
		13	1	1
			6	7

세로 힌트 (열, 위에서 아래로) — 상단 힌트 영역 표시 행

```
                    5                 6
        2 2   6 9 5 5 2     5     7 9 2 2 2
    1   1 1 1 2 1 2 2 1 2   2 5   3 1 1 1 1     1
    2 1 5 1 3 3 4 9 6 3 4 1 5 1 2 5 3 5 2 1 3 5 1 1
    2 1 1 3 1 1 3 1 1 8 7 4 3 4 3 2 1 4 1 1 1 1 4 1 1 3
    1 1 1 1 3 1 1 3 1 1 1 3 10 2 6 5 5 1 1 1 1 1 1 1 1 2
  4 1 1 2 2 2 2 2 2 1 1 1 1 1 8 1 2 3 1 1 1 3 1 3 1 1 1 1 2 3
```

난이도

35×35 네모로직 (Nonogram)

열 단서 (상단, 위→아래 순서, 5열씩 구분)

행	1–5	6–10	11–15	16–20	21–25	26–30	31–35
1	2			2 3		4　4	
2	2		1 2 4	3		4 3　2 3	
3	3　2	3 4	6　3 4 2	2 3	10	4 3 2 2	
4	3　2	2 2 3 4	2 6 2 4 3	1 3	4 5	6 4 1 3 2 1	
5	3 2 4 2	2 2 1 11	2 2 3 1 2	1 1 4 4 8	5 9 2 2 3	1 1 1 1 2	
6	5 7 3 2 3	1 1 1 1 2	1 2 3 2 1	4 1 4 5 3	8 2 2 4 2	1 2 4 1 1	3
7	2 3 1 3 1	1 2 6 1 2	2 2 2 2 2	2 2 2 1 3	2 5 5 2 1	2 1 2 1 1	1 2 1 3 2
8	7 8 3 10 3	8 7 6 3 3	3 5 2 2 3	5 5 6 4 3	3 2 2 2 4	4 4 3 3 3	3 5 5 3 3

행 단서 (좌측, 위→아래)

1. 11
2. 3 14
3. 23
4. 7 7 2
5. 9 4
6. 4 10 2
7. 6 11 1
8. 3 2 3 11
9. 2 1 1 8
10. 2 3 3 9
11. 2 3 2 3 5
12. 3 2 1 1 4
13. 6 2 4 6
14. 4 2 2 10
15. 8 6
16. 2 2 4
17. 2 2 1
18. 4 3 2
19. 9 1 2
20. 3 1 1 2
21. 1 1 1 4
22. 4 2 2
23. 2 3 2
24. 6 2
25. 5 2 3
26. 1 1 3 3 2 3
27. 3 1 13 2
28. 5 2 2 5 2 2
29. 7 2 1 5 7
30. 2 1 3 2 3 1 3 2
31. 9 6 2 7
32. 2 1 3 5 4 2
33. 11 1 3 2 11
34. 11 5 14
35. 11 3 14

C75 향긋한 차와 달콤한 케이크

난이도

35×35

Row clues (left side, top to bottom):

- 8 3 12 7
- 6 2 2 9 9
- 9 3 2 2
- 2 3 2 3 2 2
- 4 2 1 3 3 2
- 2 4 3 3 2 2 2
- 1 3 11 4 2 2 3
- 3 3 7 5 1 2 2 2
- 2 2 1 1 1 1 1 9 2
- 2 2 2 1 1 2 1 1 6
- 2 2 1 1 2 3 1 2
- 5 2 1 1 1 1 7
- 4 2 2 1 1 4 3
- 3 2 1 1 1 2 5 3
- 2 2 1 1 7 6 1
- 3 2 1 1 3 11 1
- 3 1 2 2 2 1 7 3
- 5 1 4 1 2
- 12 3 2
- 8 2 2 2 1
- 6 1 2 2 1
- 8 1 10 2
- 10 1 3 6
- 10 4 6 1
- 3 7 2 5 8
- 2 1 4 2 1 8 4
- 1 1 1 2 1 6 1 2
- 1 2 1 2 2 1 2
- 1 3 3 3 3
- 2 6 5 4
- 4 8 2 2
- 6 6 8 1
- 11 3 6 2
- 5 4 3
- 12

Column clue header (printed matrix, rows top to bottom):

		2															2	2	1										5				
	2	1	2	1		1					1			2	2	4	1	6	8	4	3	2		1	1				1				
		2	2	2	1	6	1	3	2	4	1		1	2		2	2	1	1	1	1	2	6		10	2	2	11	1			
	2	1	1	3	3	4	5	3	4	2	2	4	2	3	2	2	1	12	3	2	2	2	4	4	4	2	2	4	1
	2	2	1	3	3	2	9	3	2	5	7	2	5	2	7	7	2	7	2	2	1	1	1	1	1	1	2	2	3	1	8	3	7
2	7	5	7	2	3	3	5	5	5	5	2	9	6	5	6	1	2	3	2	2	1	2	4	2	2	4	4	4	2	1	2	1	2	1
8	2	1	5	2	1	2	1	1	1	9	2	2	2	2	2	5	1	4	9	2	2	2	2	2	2	2	2	8	2	7	3	4
6	3	2	2	2	2	2	2	2	2	2	2	2	2	3	2	4	6	2	2	2	1	1	1	1	1	1	1	1	2	1	2	3	3

난이도

35×35

Nonogram (picture logic) puzzle — 35 × 35 grid.

Column clues (top), read in rows from top to bottom:

```
                              2
                              1
                      1  1  4 2 2
                   1  1  1  1 1 1 3
            2   6     3  1  1 2 1 2 2 4        2  2        2 2 2
            2 2 1  4  1  2  3 2 4 2 1 4        8  6 3 2 2 2 1 1 1 1 1
            1 1 7  1  2  2  4 7 6 3 2 7  24 19 8 13 1 2 5 4 1 2 1 1 2 1 1
           16 6 1  1  8  2  9 6 6 3 2 1 1 3 5 26 3 3 13 6 1 1 2 2 2 3 1 2 1 3 4 1 2 2 1
            3 11 16 15 6 2  1 5 2 2 4 2 3 3 1  2  1 3  5 3 2 4 7 8 5 1 5 6 7 2 2 2 4 5 5
```

Row clues (left):

			9	2	
			14	2	
			1	20	
2	5	6	5		
2	1	1	5		
		2	1	8	
		8	10		
		2	14		
	2	3	15		
5	3	3	5	3	
	3	3	8		
		1	9		
	2	7	1		
1	3	6	4		
1	2	5	2	1	
2	5	6	2	2	1
	3	11	2	2	
4	11	2	2	1	
13	5	2	3	2	
12	5	2	3	3	
9	2	2	6	3	3
1	10	6	7	4	
	11	5	12		
	11	4	10		
7	1	3	4	3	
5	1	1	3	6	
	4	2	5	3	
4	1	1	3	1	
5	1	1	2	2	
5	1	1	1	1	
	9	3	1	1	
		5	5	1	
2	1	2	1	2	
			2	1	
			1	2	

난이도

35×35

면이 꼬불꼬불해요

난이도

35×35

Row clues (left → right per row):

- 33
- 1
- 33
- 1 2 1 1 1 1 1
- 8 2 1 2 2 12
- 7 1 2 2 2 13
- 2 1 1 1 1 1
- 2 1 2 2 1 2
- 1 2 1 1 1 1
- 2 2 2 1 1 2
- 1 2 2 1 2 2
- 1 2 2 1 2 2
- 1 2 2 1 2 2
- 2 1 1 1 2 2
- 2 2 1 1 1 2
- 1 2 2 2 2 2
- 1 2 2 1 2 2
- 1 1 1 2 1 2
- 1 1 1 2 1 2
- 1 1 1 1 2 1
- 1 2 2 2 2 1
- 2 2 1 2 1 1
- 32
- 1 1
- 1 3 3 3 3 4 3 1
- 1 3 3 3 3 3 3 2
- 1 1 1 1 1 1 1 2
- 2 1
- 2 2
- 2 2
- 2 2
- 2 2
- 3 3
- 3 3
- 12 13

난이도

35×35

Row clues:
- 10
- 4 2 3
- 2 4 2
- 1 3 4 3 2
- 4 2 2 1
- 2 10 3
- 1 3 2 2 4
- 3 11 2 2 1
- 6 5 3 4 1 2 2
- 3 1 5 3 5 2 2
- 1 1 1 1 2 3 3 1 2 1 4
- 1 1 1 1 1 2 2 1 2 1 2
- 1 5 3 2 1 2 2 1 4 2
- 1 2 1 3 1 2 1 3
- 1 4 1 1 1 2 4 3 1
- 2 3 1 1 2 2 3 3
- 2 2 13 7
- 8 1 1 1 2
- 6 1 1 1 1 2
- 1 1 7 1 2
- 1 1 1 2
- 2 1 9 4
- 5 2 1 1 2 2
- 1 7 1 1 11 1
- 1 1 4 2 2 1 3 3 1
- 1 1 3 1 5 1 3 4 1
- 1 4 1 1 3 3 3 1 1
- 1 3 1 4 3 1 1
- 1 7 3 11 1
- 1 1 1 1 1 1 1 1
- 1 1 1 1 1 1 1 1
- 1 1 7 7 1 1
- 1 1 1 1 1 1 1 1
- 1 1 1 1 1 1 1 1
- 3 8 8 3

35×35

Row clues (left):
- 5
- 2 2
- 1 1 3
- 5 1 1
- 6 1 1
- 3 4 2 1
- 4 3 2 1
- 3 3 1 2
- 2 2 2 1
- 2 1 2 2
- 2 12 1 1
- 2 3 1 3
- 2 2 8 6
- 2 4 3 2 1
- 2 4 1 2
- 2 2 5 2
- 2 3 2 1
- 18 2 3
- 2 2 2 5 2
- 12 3 2 1 1 2
- 2 8 2 2 2
- 2 5 2 2
- 11 6 1 2
- 1 1 6
- 15 1 1 5
- 1 2 1 1
- 19 1 1 9
- 1 1 1 1
- 23 11
- 2 20 11
- 14 7 9 1
- 21 1 11
- 6 15 12
- 23 11
- 23 5 5

Column clues (top, read top to bottom per column):
- 2 1 7
- 2 2 1 1 7
- 3 3 1 1 1 5
- 12 4 1 1 7
- 11 4 1 1 7
- 3 1 1 1 4 7
- 1 1 1 4 2
- 1 1 1 1 7
- 1 1 1 1 7
- 2 1 1 3 1 7
- 3 1 1 3 7
- 1 2 1 1 3 1 7
- 2 1 3 2 1 7
- 1 1 4 1 1 7
- 1 1 3 1 3 4
- 1 1 1 4 1 7
- 1 1 1 2 2 1 7
- 1 1 1 2 1 9
- 1 1 1 1 2 3 7
- 1 2 2 2 2 3 3
- 4 1 6 5 3 1 2
- 4 2 3 5 1 1
- 2 8 1 3 2 13
- 2 2 2 3 2 7
- 2 1 5 2 2 1 9
- 5 4 2 3 1 7
- 4 3 2 1 1 7
- 3 3 4 6
- 2 1 3 2 1 7
- 1 3 3 1 7
- 1 1 1 1 1 7
- 3 1 2 1 4
- 1 1 1 7

C81 귀를 예쁘게 해줘요

난이도

35×35

Row clues (top to bottom):

- 16
- 4 5
- 3 4
- 1 3
- 2 3
- 2 1 3
- 3 2 2 2 3
- 4 3 4 2 2
- 2 3 4 4 1 1 2
- 9 4 4 3 2 2
- 1 8 7 3 1 2
- 1 8 4 10 1 2
- 1 3 11 10 4
- 5 5 5 4 4 4
- 4 6 8
- 4 5 5 2 5
- 3 4 2 4
- 2 5 2 7
- 4 2 2 2 7
- 1 2 1 1 1 5
- 2 2 2 5
- 1 2 4
- 2 4 2
- 1 1 3 2
- 2 2 2 2
- 3 1 2 2 3
- 1 3 6 1
- 5 1 4 1
- 3 2 2
- 2 2 2
- 2 4 2
- 9 2
- 5 5 4
- 12 8
- 2 4 12 3

C82 다크서클이 아니에요!

난이도

35×35

Column	Clues
1	4 4 5
2	6 1 9
3	11 9
4	5 13
5	3 11 5
6	2 4 19
7	1 5 7 10
8	2 1 3 4 2 9
9	1 4 4 2 9
10	1 2 2 1 2 2 9
11	2 2 1 2 2 6 2
12	3 2 2 2 2 1 4 4
13	3 2 5 1 2 1 6 1
14	3 5 3 1 3 2 1 1
15	4 4 5 3 2
16	3 1 2 1 2 1 2 2
17	2 2 2 2 6
18	2 1 3 4
19	6 5 1
20	1 6 1
21	1 6 1
22	1 7 2
23	3 8 1
24	3 6 1 3
25	2 6 2 5
26	2 5 2 7
27	1 4 9
28	1 1 9
29	1 1 9
30	2 2 3 4
31	4 4 3 3
32	5 1 3 1 2 3
33	4 1 1 3 2 5
34	3 1 1 2 2 1 2
35	3 1 5

Row	Clues
1	4
2	6
3	4 9
4	8 3 2
5	6 2 3
6	4 4 2 4
7	4 4 3 1 1 3
8	2 2 2 4 1 2
9	1 4 5 1 4 6
10	1 4 3 1 8 1
11	1 3 1 1 8 5
12	3 8 7
13	1 2 5 9 4
14	1 1 14 4
15	2 5 13 4
16	8 4 9
17	11 7
18	9 5
19	7 2 2
20	7 2 3
21	8 2 2
22	6 2 2 2
23	5 2 2 3 3
24	5 2 1 6 2
25	4 4 7 2
26	5 6 2 1
27	9 5 3
28	10 7 1 1
29	12 14
30	9 1 1 2 11
31	7 8 5
32	8 3
33	5 1 2
34	5 4
35	7

C83 엄마는 나무에, 아기는 엄마 등에

난이도

35×35

																											5							
								1												2	2		1				1		3		4			
						2	2	4	1	1	1	1	4						1	2	1	1	5		1		2	1	1	4	1			
						2	2	1	8	5	3	1	2	2	1	1		1	4	1	2	2	2	1	3	2	1	1	3	2	2		4	
			16	6	4	1	2	3	2	4	1	2	2	2	1	2	1	5	1	1	1	3	2	10	2	2	1	1	1	3	2	5	2	3
16	16		5	5	2	1	2	1	1	1	1	2	1	3	2	1	5	1	2	1	1	1	1	3	2	2	1	2	1	1	2	1	2	4
1	1	14	1	1	5	2	1	3	3	2	2	1	1	2	2	1	1	3	1	1	1	2	1	1	2	1	2	1	2	1	1	9	2	9
16	15	15	6	6	5	4	3	2	2	2	4	3	2	1	1	1	1	1	2	2	2	2	3	3	4	11	4	2	2	1	2	2	4	1

				4	7	6	4
		4	2	2	2	2	5
	4	2	3	8	2	1	6
		4	1	6	5	1	5
		4	1	4	4	1	3
			4	1	3	3	1
4	1	3	2	2	2	1	3
4	2	1	2	2	2	7	2
		5	3	3	2	3	1
		5	2	3	1	2	1
			5	1	6	1	3
		5	3	4	2	2	3
		5	2	2	2	2	4
			6	1	10	2	1
2	1	1	1	2	2	4	1
		2	1	3	3	2	2
					6	3	10
				2	2	4	2
						1	1
					1	2	1
			6	3	3	2	1
				8	5	7	1
			6	5	2	3	1
				6	2	4	1
				7	2	2	1
				3	3	1	2
				5	1	1	1
					3	1	3
					3	2	3
						5	7
						6	6
					7	1	5
					8	2	4
						14	5
							22

난이도

35×35

Row clues (top to bottom):
- 9 5
- 13 7
- 5 15 3 2
- 7 15 3 3
- 3 3 10 6 3
- 2 3 9 5 2
- 3 8 4 2
- 2 6 7
- 2 10 6 2
- 6 2 2 3 2
- 3 4 2 3
- 3 5 2 3
- 4 3
- 5 3 3
- 5 3 3
- 8 3
- 2 9
- 5 1 1 3
- 2 1 3 2 1 2
- 1 1 2 2 2 1
- 2 1 7 1 1
- 1 6 3 2 1
- 2 2 1 5 3 1 2
- 1 1 3 1 3 1 1
- 1 1 2 1 1 2
- 2 1 1 1 1 1
- 1 1 1 1 1 1
- 1 2 1 1 1 2
- 1 1 1 14 1
- 1 1 3 1 2 1
- 1 1 1 1 1
- 1 2 1 1
- 2 1 2 2
- 7 2 9 3
- 35

C85 느릿느릿 움직여요

35×35

Row clues (top to bottom):
- 2 11 4
- 4 14 2
- 18 1 2
- 17 3 1
- 18 5 3
- 6 4 2 6 1
- 3 4 5 1 2
- 2 3 13
- 1 2 6 7 2
- 2 4 2 7 1
- 1 2 4 2 5 2
- 1 2 4 1 2 3 5 2
- 1 1 3 1 8 3 4
- 1 3 5 4 2 1 3 2
- 1 5 2 1 2 5 1 1
- 1 4 1 4 2 1 4 1 1
- 2 2 4 2 1 9
- 2 3 3 1 5 1
- 2 7 1 2 4 2
- 2 2 5 3
- 1 1 4 3 2
- 1 1 5 3
- 1 2 1 3 2 3
- 1 1 4 2 2 4
- 2 3 4
- 1 3 5
- 2 2 6
- 1 7
- 2 2 4 4
- 3 2 2 3
- 2 1 1 1 5 2
- 7 1 4 2 1
- 10 5
- 3 9
- 9

C86 비눗물로 만드는 풍선

35×35

(네모로직 퍼즐 / 35×35 그리드)

C87 단단한 돌을 부숴요

난이도

35×35

Row clues (left):

- 7 13
- 9 13
- 15 13
- 3 11 13
- 2 11 11
- 2 1 2 8
- 2 1 1 1 2 1
- 1 1 2 3 3 2
- 2 1 2 1 1 1
- 1 2 1 3 1
- 3 1 3 1 1
- 1 5 4 1 1
- 1 2 6 3
- 2 2 1 1 5
- 1 3 3 1 7
- 2 1 4 6 1 6 2
- 2 2 3 2 2 11
- 4 2 1 6 7
- 1 2 5 2 1 8 3
- 1 2 3 3 3 7
- 2 7 2 1 1
- 1 2 10 2
- 1 2 4 1 1 1
- 1 1 5 1 1 2
- 1 1 4 2 1 2
- 1 2 1 4 1 3
- 1 1 7 2 3
- 1 1 5 1 4
- 1 1 1 5 4
- 1 3 1 5 5
- 6 2 9
- 7 11
- 7 9
- 5 14
- 12 3

C88 나무를 도끼로 잘라요

난이도

35×35

C89 아주 중요한 응급처치에요

35 × 35

가로(행) 힌트 (위에서 아래로)

1. 7 9 17
2. 6 11 16
3. 5 13 15
4. 5 13 15
5. 5 6 5 15
6. 4 2 3 3 4 10
7. 3 3 1 6 7 1
8. 2 2 2 3 4 4 1 6 1
9. 2 1 2 1 2 1 2 1 3 2 1
10. 2 1 2 2 2 2 2 2 1
11. 2 1 2 2 1 3 1 2 3
12. 2 1 6 6 1 6
13. 2 1 1 6 6
14. 2 2 1 1 8 7
15. 2 1 2 16
16. 3 1 2 1 1
17. 4 1 1 1 1
18. 4 1 1 1 2
19. 4 6 5 3 3
20. 2 1 1 1 1 1 2 7
21. 2 4 1 2 1 3 1 4
22. 1 1 1 4 2 1 1 1 3
23. 2 1 1 1 1 5 1 3
24. 1 1 6 2 5 5
25. 6 1 4 1 2 4
26. 3 1 4 1 9
27. 8 2 13
28. 7 2 4 2 10
29. 8 4 5 8
30. 8 4 6
31. 9 3 4 1
32. 13 3 1
33. 10 4 1
34. 4 4 2
35. 4 2 2

세로(열) 힌트 (위에서 아래로)

1. 14 5 1 8
2. 14 8 1 8
3. 7 4 4 8
4. 6 14 1 8
5. 5 2 2 3 1 7
6. 2 2 4 1 1 7
7. 6 2 1 6 7 7
8. 6 4 2 1 3 5
9. 5 2 1 1 7 2 1 2 3
10. 4 1 1 1 4 1 1 3 2
11. 4 1 1 2 9 1 1 1
12. 5 3 1 1 2 1 1 1
13. 6 2 1 1 1 2 2 2
14. 6 2 4 1 1 1 1
15. 1 7 3 1 2 1
16. 2 1 2 1 2
17. 1 3 2 1 4 1 1
18. 2 9 1 4 2 1
19. 1 6 1 1 2
20. 3 5 3 1 1
21. 15 2 1 2
22. 10 4 2 2 1
23. 8 4 1 2 1
24. 5 6 5 1 1
25. 5 8 1 1
26. 6 5 3 2 1
27. 9 2 2 5 2
28. 12 1 1 10
29. 10 2 2 5
30. 8 5 3 5
31. 9 5 1 1 5
32. 9 4 3 7
33. 7 5 12
34. 6 7 11
35. 8 5 9

난이도

35×35

난이도

35×35

C92 열심히 하면 성적이 올라요

난이도

35×35

Column clues (top to bottom):

Column	Clues
1	11 1 2
2	20 2
3	7 8 2
4	6 1 2
5	5 1 3 3
6	7 2 2 4
7	4 1 4 2 2
8	4 1 1 2 2
9	6 15 1 1 2
10	4 17 1 1 2
11	4 2 2 1 1 3
12	4 2 2 1 1 3
13	4 3 2 1 4
14	6 1 3 2 4 3
15	4 1 4 4 2 3
16	6 4 2 6 1
17	3 10 2 1 3 1
18	6 3 2 1 1 2
19	8 2 1 2 3 2
20	7 4 3 1 2
21	8 2 2 1 1 2
22	6 3 2 5 1 2
23	6 3 1 5 3 2
24	5 1 1 7 1
25	3 2 1 3 4
26	5 4 1 1 2
27	6 1 1 1 2 1
28	6 3 2 4 2
29	6 3 3 2 2 2
30	7 2 1 5 1 2
31	6 4 2 1 2 2 2
32	12 2 1 5 2
33	5 4 2 1 1 2 2
34	4 3 2 4
35	3 7 2

Row clues (left to right):

Row	Clues
1	2 8
2	13
3	14
4	15
5	5 1 1 2 9
6	2 1 2 2 1 13
7	3 2 4 2 15
8	2 7 7 7
9	3 2 8 8
10	3 2 7 7
11	2 2 5 4
12	2 2 7 4 2
13	2 2 1 1 2 1 2 2
14	2 2 1 2 1 2 2
15	2 2 5 2 4
16	2 2 7 4 6
17	2 2 5 3 8
18	2 2 4 10 4
19	3 2 3 3
20	2 2 2 2
21	2 9 2 4
22	2 8 3 1 3
23	2 1 2 1 2
24	6 2 3 2 4 1
25	2 2 1 5 2 1
26	2 8 1 2 4 1
27	3 2 2 1 2 2 2
28	7 3 1 6 3
29	5 10 2 2
30	7 2 3 4
31	2 2 1 1 2
32	2 3 1 2 2
33	2 3 2 1 1
34	8 1 6 2 8
35	7 21

C93 기분이 좋아 보여요

난이도

35×35

Row clues (left), top to bottom:

- 9 4
- 4 13 2 2
- 2 1 14 4 1
- 1 19 1 3 1
- 1 1 17 1 1 1
- 1 3 6 5 3 1 1
- 1 1 5 2 2 1
- 2 6 3 3 1 4 2
- 2 4 1 1 1 1 1 1 2 3
- 2 5 1 1 2 2
- 3 3 6 3 2
- 2 3 2 2 2 2
- 2 3 4 2 2
- 2 3 2 2
- 2 2 3 4 2
- 2 2 7 2
- 8 7 6
- 6 3 7 7
- 2 2 1 7 1 2 3
- 6 1 7 1 7
- 10 7 4 1 3
- 2 5 7 10
- 9 7 9
- 8 10 9
- 1 7 5
- 5 1
- 10 1 10
- 2 3 2
- 2 2 2 1 3
- 2 2 2 5
- 4 2 2 6
- 11 11 10
- 9 9
- 9 6
- 7 4

C94 추억의 방학 숙제

35×35 네모로직 (노노그램)

가로(행) 힌트 — 위에서 아래로

행	힌트
1	3
2	6
3	3 2
4	7 3 3
5	3 2 3 3 5
6	2 7 1 2 2 1 1
7	2 6 2 2 7
8	2 4 3 2 3 1 1 1
9	1 4 6 13
10	5 3 2 6 1 1 1 1
11	3 7 2 2 10
12	3 3 2 2 3 3 1 1
13	3 3 2 2 5
14	2 5 2 1 1
15	6 1 1 2 2
16	2 4 2
17	4 3
18	35
19	12
20	4 10
21	6 1 3 19
22	5 1 1 18
23	2 3 6
24	7 6 3
25	2 10 2 4
26	2 2 1 9
27	2 2 3 4 3
28	1 3 2 2 3 4
29	4 1 3 6
30	3 1 4 2 3 3
31	6 1 5
32	4 2
33	5 2
34	7 25
35	5 25

세로(열) 힌트 — 왼쪽에서 오른쪽으로 (위에서 아래로 읽기)

열	힌트
1	3 1 2 3
2	2 1 1 2 2
3	1 2 2 2 5
4	1 2 3 2 5
5	3 3 6
6	2 2 2 6 2 1 3
7	2 2 2 1 2 5 2
8	2 2 2 2 4 4 2
9	1 1 1 2 2 3 3
10	2 2 2 4 2 2
11	1 2 2 3 1 4 2
12	1 2 3 2 2 1 3 2
13	1 2 2 1 1 2 2
14	1 1 4 1 4 3 2
15	2 4 2 2 2
16	4 1 2 3 4 6 2 3 2
17	3 1 6 3 11 1 2
18	3 8 7 7 3 2
19	2 2 1 1 3 2 2
20	1 2 3 6 3 2 1 2 2
21	1 2 2 3 1 2 2
22	3 3 4 1 2 1 6 2
23	3 4 2 1 1 2 7 2
24	3 2 2 1 1 6 5 2
25	2 1 1 1 1 2 5 2
26	2 2 1 1 1 1 3 2
27	5 1 1 1 1 1 2 2
28	2 9 1 1 1 2 2
29	2 1 1 12 1 2 2
30	2 1 1 1 1 1 2 2

088

C95 참 쉽죠?

난이도

35×35

						1	1									1																		
						1	2	1	1	1			1			3							1			1	1	1						
					1	1	1	2	1	2	1	1	2	1	1	3	1			1		1	1	1	1	2	2	1	2					
	1				1	3	1	1	1	1	2	2	1	2	7	2	2	3	1	4	2	2	6	1	1	2	2	1	3					
	1	1	1		3	2	2	1	1	1	1	1	1	1	1	2	3	7	7	4	1	1	1	3	4	3	2	2	2			2		
	3	10	11	1	3	1	2	1	1	2	6	1	5	1	1	2	4	1	2	1	2	3	1	1	1	1	2	2	2	1	1	2	3	
	3	7	7	10	7	2	2	2	2	2	2	2	2	8	5	2	1	1	1	1	2	1	3	1	3	1	2	3	5	8	4	2	2	
26	2	5	2	7	5	1	1	1	1	1	1	1	2	2	2	2	1	1	1	3	12	1	1	3	1	2	2	2	2	4	2	1	3	8
4	4	2	5	9	2	2	2	2	2	2	3	10	2	2	2	1	4	2	4	1	3	4	2	4	1	1	2	1	2	4	2	2	7	12

							19	9
						1	4	4
					1	1	2	2
					1	3	2	1
					6	3	3	2
			1	3	2	2	4	1
					8	3	1	1
				6	1	1	6	1
				7	1	3	4	1
			1	3	1	2	2	1
					17	5	5	1
		7	2	3	1	2	1	2
				8	2	1	1	4
					1	3	2	4
					1	2	5	4
					1	5	11	3
	1	6	4	1	3	3	2	2
1	4	5	2	1	1	3	2	2
		1	4	3	3	2	2	4
		1	4	7	3	7	2	1
1	4	1	2	1	1	3	1	1
		1	5	4	2	1	1	1
				1	4	1	2	1
				1	1	1	1	1
					17	1	1	1
						22	1	1
		1	2	1	2	1	2	1
				1	2	1	15	1
			2	13	3	3	3	2
		1	1	2	3	3	2	1
			1	10	3	3	1	2
			2	10	6	3	3	4
1	2	3	1	1	2	2	3	1
		1	2	4	3	4	3	1
					1	2	14	1

난이도

40×40

C97 덩기덕 쿵더러러러

난이도

40×40

091

난이도

40×40

40×40

난이도

40×40

C101 선비의 입에서 연기가 나요

난이도

40×40

난이도

40×40

C103 신나는 음악을 들려줄 거에요

난이도

40×40

난이도

40×40

C105 선녀가 아이들을 데리고 하늘로 올라가요

난이도

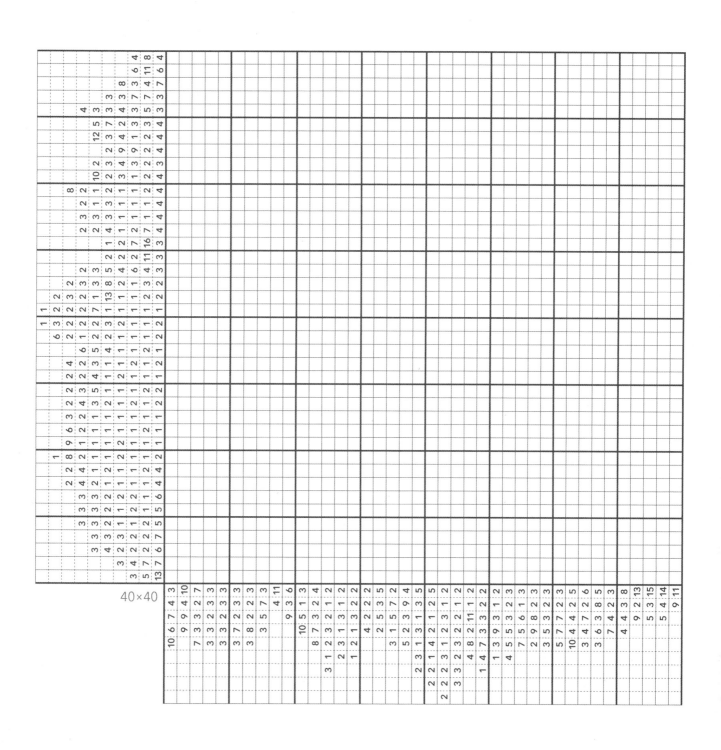

40×40

난이도

45×45

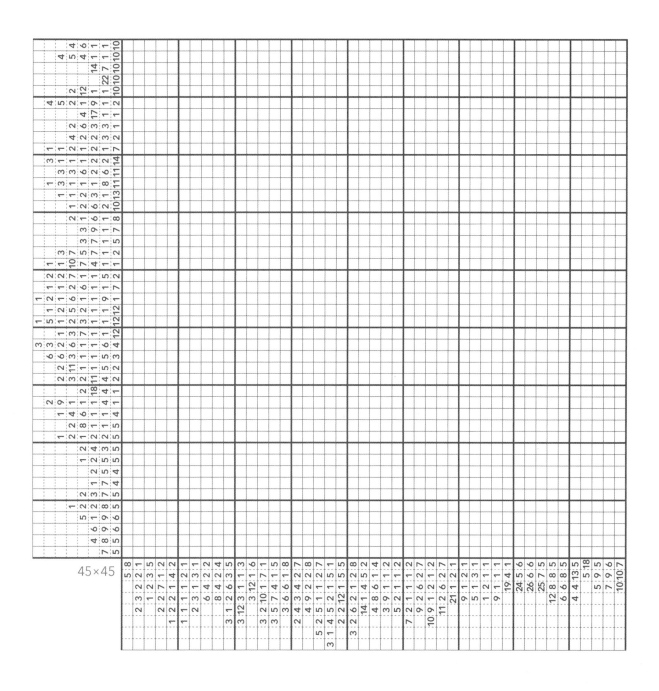

45×45

45×45

난이도

45×45

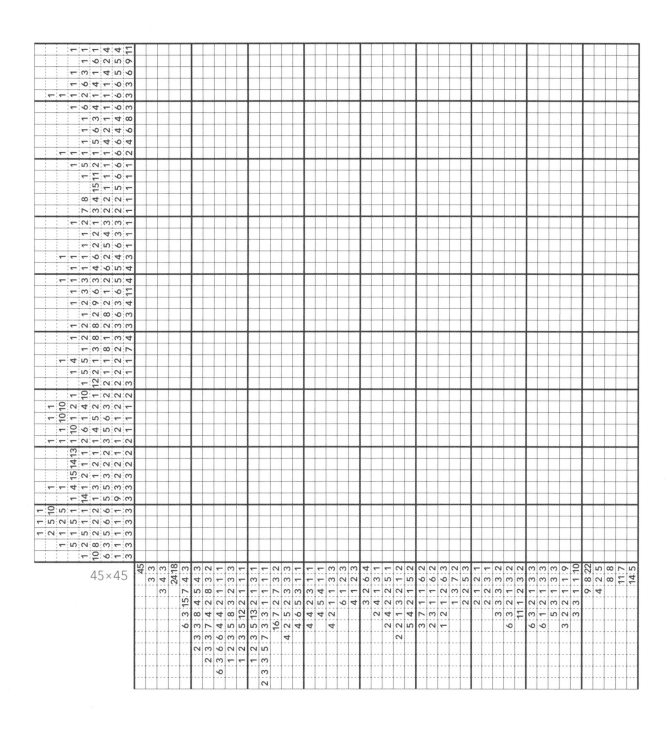

난이도

45×45

D111 볼 스포츠 : 날개 달린 공!

45×45

D112 볼 스포츠 : 22명이 몰려다녀요

난이도

45×45

D113 볼 스포츠 : 품에 안고 이리 뛰고 저리 뛰고

난이도

45×45

난이도

45×45

50×50

50×50

D117 볼 스포츠 : 공이 떨어지기 전에 달려요

난이도

50×50

D118 볼 스포츠 : 돌이 가는 길을 닦아 주세요

난이도

50×50

D119 볼 스포츠 : 빙판 위의 납작한 공

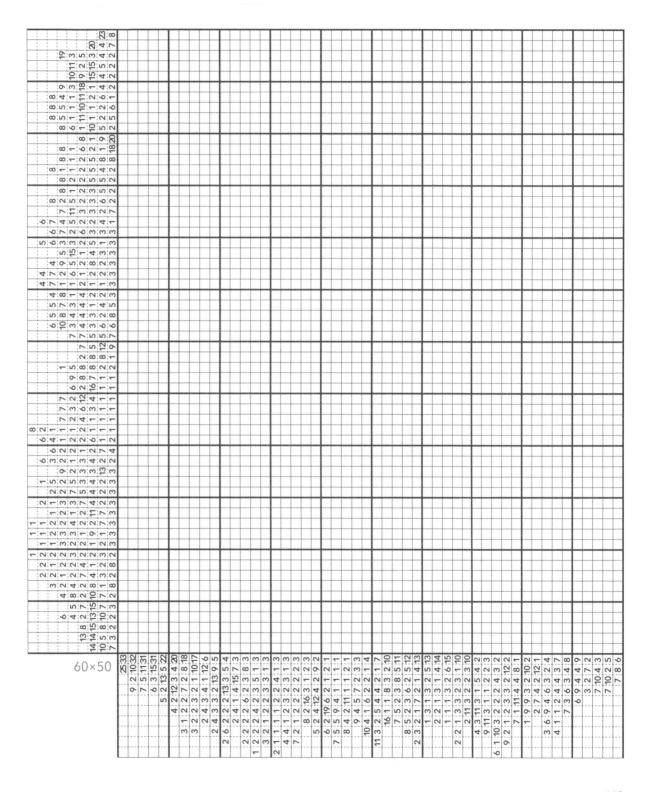

60×50

D120 볼 스포츠 : 공들이 서로 부딪치며 싸워요

난이도

60×50

NEMONEMO

해답

LOGIC PLUS

A1 열쇠

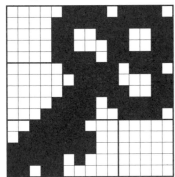

A2 도토리

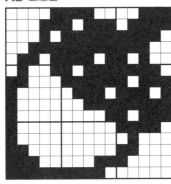

A3 그릇

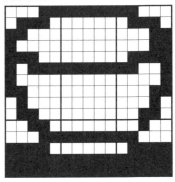

A4 가위

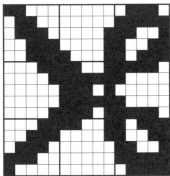

A5 막대 사탕

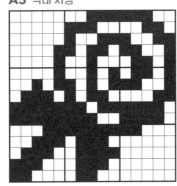

A6 화살표

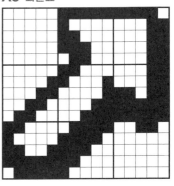

A7 푸딩

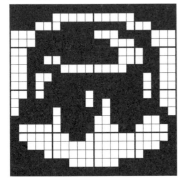

A8 우유갑

A9 발바닥

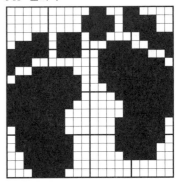

A10 유령

A11 벚꽃

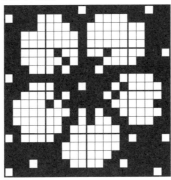

A12 하이힐

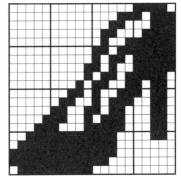

A13 가지

A14 새싹

A15 복숭아

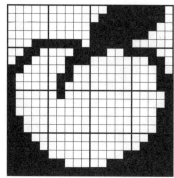

A16 갓

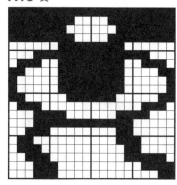

A17 도넛

A18 화장지

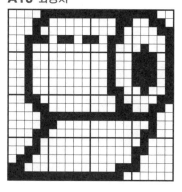

A19 머리핀

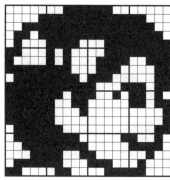

A20 저울

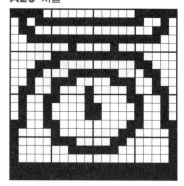

A21 고릴라

A22 야자수

A23 텐트

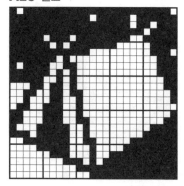

A24 돌하르방

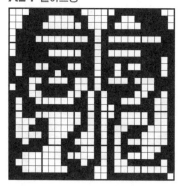

A25 소금 통

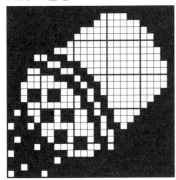

A26 선글라스

A27 킥보드

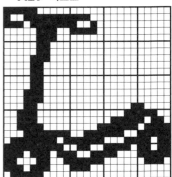

A28 캐스터네츠

A29 마술 모자

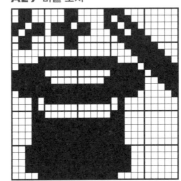

A30 하마

A31 호리병

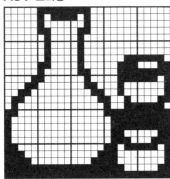

A32 비숑프리제

A33 청소

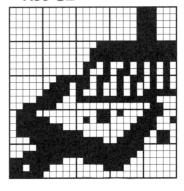

A34 노트북

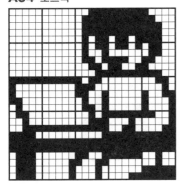

A35 개미

A36 키위새

A37 팔짱 끼기

A38 경찰관

A39 열기구

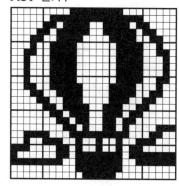

A40 아령 들기

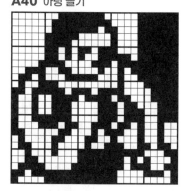

A41 노래 부르기

A42 칼과 방패

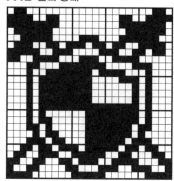

A43 사슴벌레

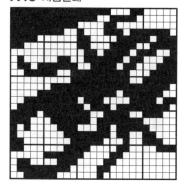

B44 선베드

B45 복어

B46 스쿼트

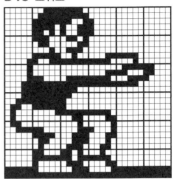

B47 우주인

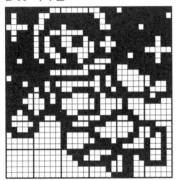

B48 역도

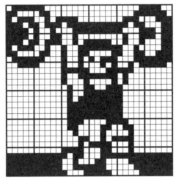

B49 코뿔소

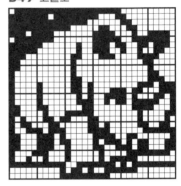

B50 티라노사우루스

B51 프로펠러 비행기

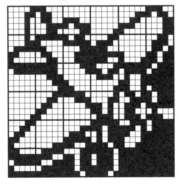

B52 각시탈

B53 수박 먹기

B54 거품기

B55 돛단배

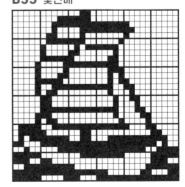

B56 목마

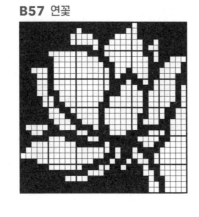

B57 연꽃

B58 낙타

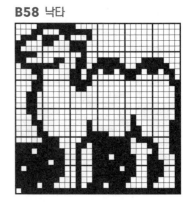

B59 부화

B60 젓가락질

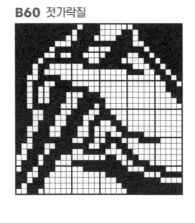

B61 염소

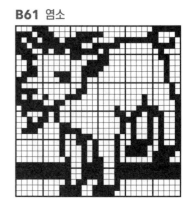

B62 비커와 스포이트

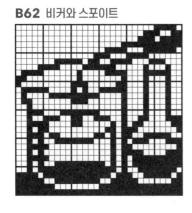

B63 손거울

B64 터번

B65 완두콩

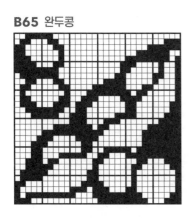

B66 나팔

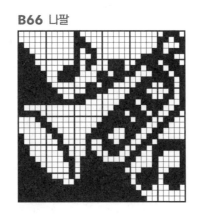

B67 벌서기

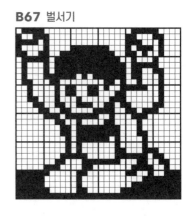

B68 외계인

B69 도롱뇽

B70 후드 티

B71 간호사와 환자

B72 유니콘

B73 돌잔치

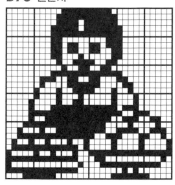

C74 마녀
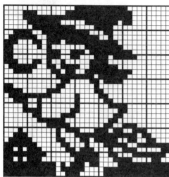

C75 티타임

C76 가위바위보
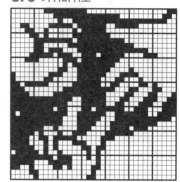

C77 성
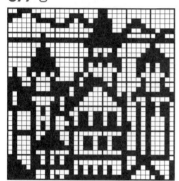

C78 라면
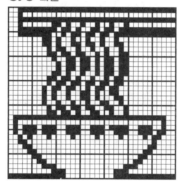

C79 공사 중

C80 발레
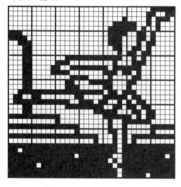

C81 귀걸이
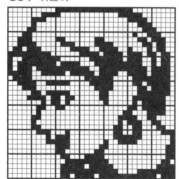

C82 판다

C83 코알라

C84 갸우뚱

C85 나무늘보

C86 비눗방울

C87 곡괭이

C88 장작 패기

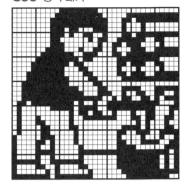

C89 심폐소생술

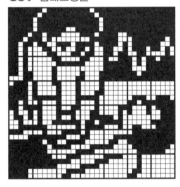

C90 투표

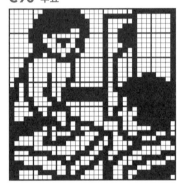

C91 가야금

C92 공부하기

C93 신나!

C94 곤충채집

C95 밥 로스

C96 요요

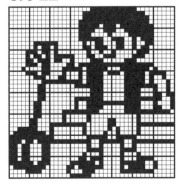

C97 장구

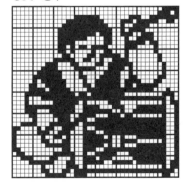

C98 유모차

C99 금도끼 은도끼

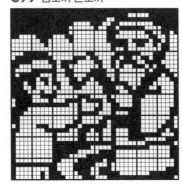

C100 옥토끼

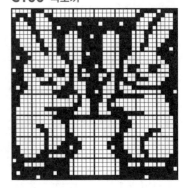

C101 곰방대

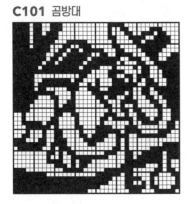

C102 베이킹

C103 악단

C104 두더지 잡기

C105 선녀와 나무꾼

D106 탁구

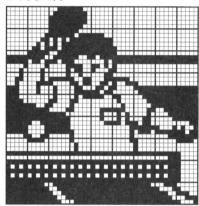

D107 골프

D108 배구

D109 볼링

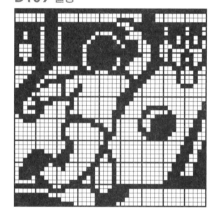

D110 농구

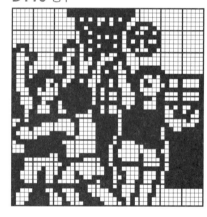

D111 배드민턴

D112 축구

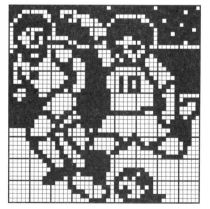

D113 럭비

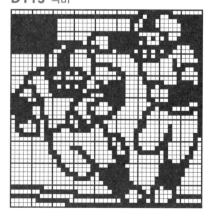

D114 테니스

D115 게이트볼

D116 족구

D117 야구

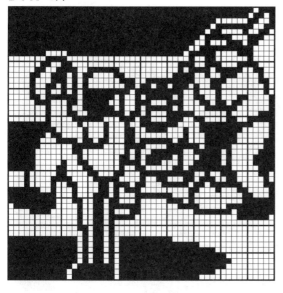

D118 컬링

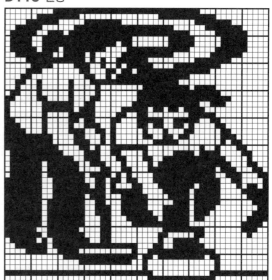

D119 아이스하키

D120 당구

128